국민이 알아야 하는 올바른 국정운영을 위한 정의론

박균성 교수의

경세치국론

經世治國論

박균성 저

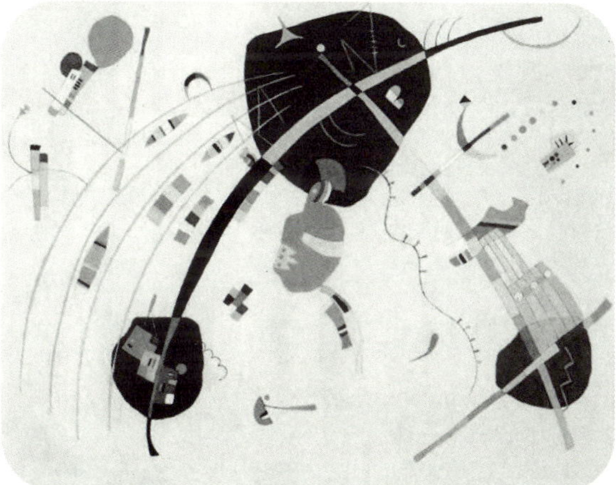

박영books

박균성 교수의

경세치국론

▶ 머리말: 정의로운 국정운영을 위하여

국정운영은 국가의 나아가야 할 방향을 정하고, 그에 맞추어 국가를 경영하는 것이다. 그러므로 국정운영은 국익, 공익(국민 전체의 이익) 그리고 국민 개개인의 이익에 중대한 영향을 미친다. 국정운영이 잘못되면 국가의 운명에도 나쁜 영향을 미칠 뿐만 아니라 국민 개개인에게 고통을 준다. 우리는 외환위기와 금융위기의 쓰라린 경험을 갖고 있다. 지금 국가와 가정의 재정위기가 우려되고 있다. 이를 극복할 수 있는 올바른 국정운영이 요구된다. 외환위기와 금융위기가 외부로부터 온 것이라고 하여 우리의 잘못을 덮어서는 안 된다. 위기가 외부로부터 왔다 하더라도 우리가 잘 예측하고 준비하였다면 그 고통은 적었을 것이고, 위기가 기회가 되었을 수도 있다.

대한민국 수립 이후 국정운영을 보면 문제가 적지 않았다고 진단할 수 있고, 이에 대하여는 대체로 동의할 것이다. 국정운영에 관한 인식이 잘못된 경우도 있고, 정책이나 법제도가 잘못된 경우도 적지 않으며 국정운영의 실제가 잘못되어 있는 경우도 많다. 잘못된 인식의 예로는 국익과 공익을 혼동하는 것, 공익을 위해서 사익은 희생되어도 좋다거나 공익을 위한 공권력의 행사는 항상 정당화된다거나 하는 인식 등이 그러하다. 공무원은 공익을 위해 모든 것을 희생해야 하고, 공직기강을 위해서 공무원의 사생활을 감찰하는 것은 당연한 것으로 아무런 문제도 되지 않는다는 인식도 그러하다. 법원의 판결이 4대강사업을 적법하다고 한 것은 4대강사업이 타당하다는 것을 말하는 것은 아닌데, 타당한 것으로 그렇게 호도하는 것도 잘못된 것이다. 정책이나 법제도가 잘못된 경우도 적지 않다. 국정운영의 실제가 잘못된 경우로는 법제도를 만들되 우선 적당히 만들고 운영과정에서 문제가 제기되면 그때 보완하면 된다는 적당주의, 잘못된 정책을 강행하고 그에 대한 책임은 지지 않는 것, 경직된 획일적인 기준으로 행정결정을 내리는 것, 소극행정과 보신행정을 행하는 것 등을 들 수 있다.

공정한 국정운영의 틀을 만들어야 하는 것은 시대의 요청이다. 그동안 우리나라의 국정운영은 정치지도자 개인의 리더십에 크게 의존하였다. 그러나 이제 우리나라의 국정은 너무 커지고 전문화되어 한 인물의 리더십으로 운영하기 어렵게 되었다. 이제 국정은 시스템(제도)에 의해 운영되어야 한다. 더욱이 국정운영의 패러다임을 바꾸어야 하는 단계에 접어들었다. 개발시대에 만들어진 국정운영시스템은 고도로 발전된 우리나라의 현재의 상황에는 더 이상 맞지 않게 되었고, 오히려 문제를 일으키고 발전에 장애가 되고 있다. 지금의 국정운영시스템 및 국정운영방식은 우리나라가 선진국으로 진입하는 데 걸림돌이 되고 있다. 불합리한(부패한) 행정을 합리적인(공정한) 행정으로, 획일행정을 탄력행정으로, 소극행정을 적극서비스행정으로 국정운영시스템과 방식을 근본적으로 바꾸지 않고는 선진국으로 진입하기 어렵다.

지금이 국정운영시스템을 근본적으로 바꿀 수 있는 절호의 기회이다. 정치권이나 국민 모두 국정운영에 문제가 있다는 데 인식을 같이 하고 있고, 국회와 정부가 함께 바뀌는 시기이다. 지난 지방선거와 국회의원선거를 통해 국민은 정치인의 부패와 자의적 권력행사를 더 이상 용납하지 않겠다는 강한 메시지를 정치권에 보냈다. 지방선거와 국회의원 선거결과에서 보듯이 특정 정파의 일방적인 독주는 어렵게 되었다. 이제는 힘에 의한 정치가 아니라 정책 대결을 통해 국민의 지지를 끌어내는 정치를 해야 한다. 대통령선거에서도 국민은 후보자의 정책, 진실성, 전문성을 보고 현명한 선택을 할 것이라고 믿는다. 멋진 수사(修辭)나 공허한 정책이 아니라 구체적인 대안을 갖고 있고, 구체적인 문제까지 잘 해결할 수 있는 대통령을 뽑아야 할 것이다. 이번 대통령선거에서 우리 국민은 이런 대통령을 선출하는 현명한 결정을 할 것으로 믿는다. 대통령을 뽑은 후에도 주권자인 국민은 감시와 비판을 통해 끊임없이 합리적이고 공정하며 가시적인 성과를 달성하는 국정운영을 요구하여야 한다. 사법부도 최근 대법관의 반 이상이 바뀌게 된다. 사법부의 새로운 출발을 주문하여야 한다. 입법부, 행정부, 사법부가 새롭게 구성되는 이번 기회가 국정운영시스템을 새롭게 만들 수 있는 절호의 기회이다. 이번에 이를 이루지 못하면 5~6년 후에나 그러한 기회를 얻게 되고, 그동안 많은 희생과 손실을 겪어야 할 것이다. 앞으로 그러한 기회를 다시 가질 수 있을지도 장담할 수 없다.

국정운영시스템 및 국정운영방식을 바로 잡기 위하여는 우선 국정운영에서 무엇이 정의로운 것인가를 분명히 해야 한다. 다만, 국정운영 정의론은 선진외국에서가 아니라 우리나라에서, 그리고 이상적인 것이 아니라 현실에서의 구체적인 문제에 관한 정의론이어야 한다는 것이다. 그렇기 때문에 국정운영의 정의론을 논하기 위하여는 국가정책 및 법제도의 현실과 문제점을 통찰하면서 현실적으로 타당한 국정운영의 정의로운 방향과 시스템을 제시하여야 한다.

정의론을 논함에 있어서 항상 부딪히는 문제는 무엇이 정의인지 알기 어렵다는 것이다. 구체적이고 전문적인 문제에 대하여는 특히 그러하다. 우리나라의 경우 국정운영의 구체적인 문제에 관한 정의론이 논해진 적이 없었기 때문에 더욱 그러하다. 국정운영의 정의론이 없는 상황하에서 정의롭지 못한 주장도 정의로운 것으로 주장되고 있다. 정의라는 이름으로 국민을 기만하는 경우도 있다. 뿌리깊은 양비론(兩非論)도 문제이다. 대체로 타당한 견해가 있고 일부만 타당한 견해가 있는데, 둘다 동일한 비중으로 대우하다 보니 무엇이 옳고 무엇이 틀린 것인지 분명히 알 수 없게 되었다. 이제 국정에 관하여 무엇이 옳은지를 분명히 짚어 국정의 중심을 잡아주어야 할 때가 되었다. 국정운영에 관한 정의론이 필요한 때이다.

정의에는 실체적 정의와 절차적 정의가 있다. 국정운영에서 절차적 정의는 민주적 절차와 적법절차의 원칙을 말한다. 국정에 관한 의사결정은 민주적인 절차를 통해야 하고, 국정운영 전반은 적법절차에 따라 행해져야 한다. 이러한 절차적 정의에 대하여는 견해의 대립이 거의 없다.

그렇지만, 실체적 정의에 관하여는 견해가 크게 나뉜다. 실체적 정의를 인정하는 견해와 실체적 정의는 알 수 없다고 하면서 이를 부정하는 견해가 있다. 실체적 정의를 인정하는 견해 중에도 절대적인 실체적 정의를 인정하는 견해와 시대와 장소에 따라 그 내용이 변하는 것으로 보는 상대적 정의론이 있다. 실체적 정의는 인간관, 가치관, 종교관에 따라 그 내용이 달라질 수 있다. 이로부터 객관적인 실체적 정의를 부정하는 견해도 있을 수 있다.

그러나 인간에게 양심이 있고 이성과 직관이 있기 때문에 인간의 양심, 이성 및 직관에 의해 실체적 정의(사물의 본성)를 발견할 수 있다는 것을 인정하여야 한다. 헌법은 국정운영에 관한 실체적 정의의 핵심적 부분을 선언하고 있다. 헌법은 인간의 존엄, 자유, 평등을 인정하고, 국민이 주권자이며 국가권력은 국민으로부터 나오고 국민을 위해 봉사하여야 한다고 규정하고 있다. 헌법은 우리나라의 통치구조 및 경제질서에 대하여도 규정하고 있다.

국정운영에 관한 정의론은 일반적이어야 할 뿐만 아니라 구체적이어야 한다. 그런데, 그동안 국정에 관한 포괄적 담론만 있었지 구체적인 문제를 다루는 담론은 거의 없었다. 국정운영에 관한 총론에만 머무르고 국정운영에 관한 각론에는 들어가지 못하고 있다.

그러다 보니 논의는 무성하였지만 논의의 성과는 거의 없는 경우가 많다. 이제 국정에 관한 논의는 보다 구체적인 문제를 대상으로 하여야 한다. 국정운영의 구체적인 시스템, 국민의 권익을 조정하는 구체적인 정책과 법제도를 논해야 한다. 아무리 좋은 정책도 실현되지 않으면 소용없다. 거창한 정치적 구호나 그럴싸한 정책보다는 하나의 구체적인 법제도가 오히려 낫다. 국민은 구체적으로 민생을 챙기고 국민의 권익을 구체적으로 보호하는 국정운영을 요구하고 있다.

필자는 이 책이 시대에 맞는 정의로운 국정운영시스템을 만드는 데 조금이나마 힘이 되기를 기원한다. 악법(惡法)이 지배하던 유신독재시대에 법과대학을 다녔던 필자는 우리나라가 민주국가가 되고 정의로운 국가가 되는 꿈을 꾸었고, 행정법학자가 되어 반듯하고 정의로운 국가를 만드는 데 미력이나마 도움이 되겠다는 생각을 하였다. 국가가 바로 서기 위하여는 국정운영시스템이 바로 서야 하는데 그 당시 헌법은 장식적인 법이어서 존재하기는 하나 적용되지 않았고, 헌법논의가 너무 추상적이었기 때문에 보다 구체적으로 국정운영의 문제를 다루는 행정법에 끌리게 되었다. 사법고시보다는 학문에 뜻을 두었던 필자는 대학 졸업 후 학자의 길을 걸으며 나름대로 대학시절의 꿈을 실현하기 위하여 국정에 관한 연구를 하였고, 국회, 여러 정부부처, 지방자치단체 및 공공기관에 자문을 하여 왔다. 이 책은 이러한 연구와 경험의 산물이다.

정치인은 통치권력으로서, 공무원은 국정의 수행자로서 그리고 국민의 봉사자로서, 국민은 주권자로서 국정을 알아야 한다. 국정운영의 현실과 문제뿐만 아니라 국정운영에 관한 정의론을 체득하여야 한다. 이 책은 국정운영의 현실을 냉철히 진단하면서 국정운영의 나아가야 할 방향을 나름대로 구체적으로 알기 쉽게 제시하고자 하였다.

아무쪼록 국정운영에 관한 정의론이 바르게 자리매김되고, 국정운영시스템이 반듯하게 재구성되어 우리나라가 올바르게 발전하며 국민의 복리가 증진되기를 기대한다. 나아가 우리의 국정운영의 경험이 다른 나라에도 좋은 영향을 주기를 기대한다.

필자는 올바르다고 생각하는 국정운영시스템을 제안할 뿐이다. 궁극적으로 반듯한 국정운영시스템을 만드는 것은 주권자인 국민이다. 필자는 주권자인 국민의 현명함과 저력을 믿는다.

2012년 7월 20일

저자 씀

| 차례 |

PART Ⅳ 법치주의의 확립

PART Ⅴ 국가정책

PART VI

행정의 실태와 과제

공정하고 수준 높은 행정을 위하여

국가의 임무 – 현실과 과제 | 국가의 자연재해 관리의무 – 天災(천재)인가, 人災(인재)인가 | 공익 – 국익인가, 공동체이익인가 | 국민 위에 군림하는 권력과 국민에 봉사하는 권력

PART Ⅰ

국가의 임무 - 국가는 무엇을 하여야 하는가

01

국가의 임무 – 현실과 과제

국가는 국민의 안전을 보장하고, 사회의 질서와 평화를 유지하기 위하여 만들어졌다. 국민의 안전은 대외적으로 다른 나라로부터의 안전과 대내적으로 범죄와 사고로부터의 안전을 포함한다. 자연상태에서는 만인의 만인에 대한 투쟁상태가 된다. 이렇게 되어서는 평화를 유지할 수 없기 때문에 개인과 개인 사이에 강제력을 금지하면서 국가에 강제력을 부여한 것이다. 국민은 묵언(默言)의 사회계약에 의해 국가권력을 인정한 것이다.

안전의 보호는 국가의 가장 기본적인 임무이다. 그런데 우리나라의 경우 국민의 안전이 제대로 보호되고 있는가? 국가는 이러한 임무를 제대로 수행하고 있다고 할 수 있는가? 하루가 멀다 하고 터지는 안전사고를 보면 그렇다고 답하기 어려울 것이다.

대내적으로 안전이 보장되고 있다고 느끼기 어렵다. 안전불감증은 국민뿐만 아니라 국가권력의 고질병이다. 설마 괜찮겠지라는 '설마병'을 하루 빨리 고쳐야 한다. 언제든지 나에게, 가족에게, 친지에게 사고가 일어날 수도 있다는 생각을 하여야 한다. 안전사고가 나면 정부는 불가항력이라거나 법적 근거가 없어서 대응하지 못했다거나 몰랐다는 변명뿐이다. 국가는 주의를 기울여 국민의 안전을 보호할 의무가 있는데도 말이다. 국가의 안전보호의무는 헌법이 규정하고 있는 국가의 기본권보호의무로부터 나오는 것이므로 법적 근거가 없는 경우에도 일반적으로 인정되는 것이다. 안전사고 후 대책을 세우느라 호들갑을 떨 것이 아니라 사전에 사고를 예방하도록 하여야 한다.

경찰의 역할도 재검토하여야 한다. 우리나라의 경찰은 국민의 보호보다는 공권력을 뒷받침하는 데 치중되어 있다. 경찰은 국민보다는 공권력을 향하고 있다. 정권은 경찰을 정권의 유지에 이용하지 말아야 한다. 국민의 여론을 수렴한다는 명분으로 범죄수사를 담당하는 경찰로 하여금 민심에 관한 정보를 수집하도록 하거나 경찰로부터 보고를 받아서는 안 된다. 정보의 수집은 개인의 프라이버시에 대한 침해를 가져오므로 법적 근거하에 행해져야 한다. 경찰은 개인의 사적 생활에는 개입할 수 없다는 원칙이 있기 때문에 범죄수사목적 이외에는 개인의 생활에 개입하면 안 된다. 경찰을 집회 및 시위의 진압에 과도하게 동원하여 민생치안 경찰력에 공백이 생기게 해서는 안 된다. 정보경찰을 수사경찰보다 승진에서 우대하여서도 안 될 것이다. 그리하여 민생치안이 경찰력의 중심이 되도록 하여야 한다.

국가의 임무 중 중요한 것이 공정경쟁을 보장하는 것이다. 공정경쟁의 규칙을 제정하고, 그 규칙을 위반한 자를 엄중히 처벌하여 공정경쟁이 보장되도록 해 주어야 한다. 그리고 국가는 공정경쟁에서 낙오된 자가 다시 일어날 수 있도록 안전판을 마련하여야 한다.

국가는 모든 국민으로 하여금 인간다운 생활을 할 수 있도록 하여야 한다. 달리 말하면 사회보장도 현대국가의 중요한 임무의 하나이다. 국민의 복리증진이 국가의 임무라는 데에는 이견이 없다. 다만 국가가 책임져야 하는 국민의 복리증진의 정도와 방법에 관하여는 이념간 대립이 있다. 보수에서는 국가는 인간다운 생활을 할 수 있는 최소한의 수준만 보장하고, 그 이상의 복지는 각 개인에게 맡기는 반면에 진보에서는 높은 수준의 복지를 국가의 책임으로 주장한다.

국가는 대외적으로 국익을 지켜야 하고, 해외에 있는 국민과 기업을 보호하여야 한다. 국익을 지킴에 있어서 외교관의 역할이 중요하다. 조약의 체결 등 국가간의 협상에 있어서 국익을 지키고 국익을 극대화해야 하며, 평소 국익에 관한 정보를 수집하여 본국에 제공하여야 한다. 외교관의 전문성을 높여야 하는데, 우리나라 외교관에게 부족한 2가지가 있다. 하나는 대사나 외교관이 부임지의 언어를 모르는 경우가 적지 않다는 것이다. 불어권 국가에 부임한 외교관은 일부러 불어를 배우지 않는다는 소문(?)도 있다. 불어를 배우면 아프리카로 배치될 것이기 때문이라고. 둘째로 외교관은 국제법이나 국제문제에만 밝아서는 안 된다. 부임지의 국민 및 기업을 보호하고 지원하기 위하여는 부임지의 국내법, 국내정치, 국내행정 및 문화도 잘 알아야 한다. 그런데, 현재 외교관의 교육에 이러한 부분이 부족한 것은 시정하여야 할 것이다. 대사관과 외교관의 임무는 국익과 재외국민을 보호하는 것인데, 우리나라의 외교관은 국익의 보호를 주된 역할로 생각하고, 재외국민의 보호에는 소홀하다는 말이 많다. 외국에서 사고가 난 경우에 대사관의 도움을 받기 어렵다는 불만이 많다. 최근 대사관의 재외국민 보호가 개선되고는 있지만 아직 매우 부족하다는 것이 일반적 의견이다. 외교관이 본국으로부터의 고위층의 접대에 바빠 재외국민 보호에 신경을 쓸 겨를이 없다는 자조 섞인 말도 들린다.

국가권력은 공익을 보호하는 임무를 갖는다. 국가권력은 정파의 이익이나 특권층의 이익을 보호하는 것이어서는 안 된다. 국가권력은 권력자나 관료의 이익의 포로가 되어서는 안 된다. 국가권력은 국가 자신의 이익을 추구하여서도 안 된다.

02

국가의 자연재해 관리의무 – 天災(천재)인가, 人災(인재)인가

홍수 등 자연재해로 인해 대규모 피해가 발생하면 정부는 불가항력이라는 주장으로 책임을 면하려는 악습을 반복하고 있다. 국가는 국민의 생명과 재산을 보호할 막중한 임무를 지고 있고, 자연재해를 관리할 임무를 지고 있는데도, 너무 쉽게 불가항력이라는 주장을 남발하고 있다.

불가항력이 인정되기 위하여는 최신의 과학기술로도 예측할 수 없고, 회피할 수 없는 자연재해이어야 한다. 문제의 자연재해가 실제로 불가항력이라고 하더라도 자연재해를 미리 예측하지 못해 피해를 키웠다면 그에 대하여는 배상책임을 져야 한다. 즉 자연재해를 예측하였어도 어쩔 수 없는 피해는 불가항력이라고 하더라도 주민에게 자연재해에 대한 경보를 발령하지 않고 대피명령을 내지 않아 피해가 커졌다면 그로 인한 피해에 대하여는 법적으로 배상책임을 져야 한다. 예전에 경기북부에 내린 급작스러운 집중폭우로 서울의 중랑천이 범람한 경우가 있다. 이 경우 중랑천이 넘쳐 주택이 침수됨으로 인한 피해는 불가항력으로 볼 수 있어 국가 등의 배상책임이 인정되지 않겠지만, 국가나 지방자치단체가 중랑천의 범람의 우려를 알았음에도 경보를 미리 발령하지 않고 대피조치를 취하지 않아 사람이 죽거나 귀중품을 챙기지 못한 것에 대해서는 국가나 지방자치단체가 배상책임을 져야 한다. 일전에 남부지방에 해일이 덮친 경우도 있었다. 해일로 인한 피해는 막을 수 없는 피해로서 불가항력에 의한 피해라고 할지라도 해일이 밀려오고 있는 것을 관측하였음에도 주민에게 대피명령을 내리지 않아 커진 피해에 대해서는 국가 등이 배상책임을 져야 한다. 정부는 국가의 재난관리시스템, 특히 경보발령과 주민대피시스템을 정비하여야 할 것이다.

또한 홍수가 나서 강의 제방이 무너진 경우에는 다음 해에 닥칠 홍수에 대비하여 조속히 붕괴된 제방을 복구하여야 하지만, 복구비용이 미리 예산에 잡혀 있지 않고, 복구예산은 연말에야 통과되고 집행은 연초에 가능하게 되어 그 때에 가서야 사업자 선정을 하다 보니 홍수가 오기 전에 무너진 제방을 복구하지 못하여 홍수피해가 반복되는 경우도 있다. 자연재해에 대한 예비비를 마련하거나 예산을 조기집행하여 재해가 반복되는 것을 막을 수 있도록 예산의 책정 및 집행제도를 개선하여야 할 것이다.

03

공익 – 국익인가, 공동체이익인가

국익은 현혹시키는 개념이다. 국익을 공익과 동의어로 사용하는 경우도 있지만 엄밀히 말하면 국익과 공익은 구별하여야 한다.

공익은 공동체 전체의 이익을 말한다. 공동체의 이익은 사익(국민 개개인의 이익)의 단순집합은 아니다. 영미국가에서는 최대다수의 최대 행복이 정의라고 보는 벤덤의 공리주의[1]이론에 따라 공익을 사익의 집합으로 보는 견해도 있지만 우리나라의 다수 견해는 공익을 사익의 단순한 집합 이상의 것으로 보고 공익을 사익보다 우월한 것으로 본다. 그렇지만 공익이 사익보다 항상 절대적으로 우월한 것은

1 **공리주의**(功利主義, Utilitarianism)는 19세기 이래 영국을 중심으로 발달한 윤리적 사상이다. 인간행위의 윤리적 기초를 개인의 이익과 쾌락의 추구에 두고, 무엇이 이익인가를 결정하는 것은 개인의 행복이라고 하며, '도덕은 최대 다수의 최대 행복을 목적으로 한다'고 주장한다(위키백과).

아니고, 공익은 사익과 조정되어야 한다.

국익, 달리 말하면 국가의 이익은 공익이 아닌 경우도 있다. 국익은 권력자의 이익이나 관료의 이익인 경우도 있다. 예를 들면 국가의 재산이 느는 것은 국가의 이익이지만 이 재산이 권력자의 이익이나 관료의 이익을 위해 쓰이게 되면 공익과는 거리가 멀어진다. 국익을 강조하는 정부는 독재정부이거나 자의적인 정부인 경우가 많다. 독재자나 권력자의 이익을 내세우기 곤란하니까 국익을 내세우는 것이다. 따라서 국익을 강조하는 정부는 좋은 정부가 아니라고 할 수도 있다. 국익보다는 국민의 이익을 강조하여야 한다.

04

국민 위에 군림하는 권력과 국민에 봉사하는 권력

대한민국은 민주공화국이고(헌법 제1조 제1항), 대한민국의 주권은 국민에게 있고, 모든 권력은 국민으로부터 나온다(헌법 제1조 제2항). 권력은 공동체의 이익을 실현하도록 주어진 것이므로 국민 전체를 위하여 행사하여야 한다. 그런데, 현실은 어떠한가? 국민을 위해 봉사하려고 노력하는 권력자가 없는 것은 아니지만, 많은 권력자는 국민 위에 군림하고, 개인의 영달을 추구하는 것이 현실이다. '권력은 부패하기 마련이다'라거나 '부패하지 않은 권력은 없다'라는 말이 있기는 하지만 우리의 현실을 보면 처음부터 부패한 권력, 애초부터 출세를 위해 잡은 권력이 적지 않다는 것이다.

권력이 본래의 모습을 찾아 국민을 위해 봉사하는 모습을 갖도록 하기 위하여는 무엇보다 주권자인 국민의 관심이 중요하다. 봉사정신을 갖은 사람을 권력자로 선출하여야 하고, 권력자가 권력을 제대로 행사하는지를 끊임없이 감시하여야 한다. 그리고 권력이 부패하지 못하도록 하는 시스템을 만들어야 한다. 공직자의 윤리를 강화하고, 공직자가 사적 이익을 추구하지 못하도록 「사적 이익충돌방지법」을 제정하여야 한다. 몰랐다는 것이 책임을 면하는 수단이 되지 않도록 공직자의 복무강령을 보완하여야 한다. 적극적으로 봉사하도록 하는 방향으로 공직자의 복무규범을 개편하고, 적극적으로 봉사하는 공직자에 대한 인센티브를 확대하여야 한다.

권력의 분립 | 통치구조 – 대통령제가 좋은가, 의원내각제가 좋은가 | 입법부의 기능과 과제 | 행정부의 기능과 과제 | 사법부의 기능과 과제 | 사법의 본질 – 사법적극주의와 사법소극주의 | 지방자치의 현황과 과제

PART Ⅱ

권력분립과 통치질서

01

권력의 분립

권력분립은 국가의 권력을 분립하여 상호 견제와 균형을 이루도록 함으로써 권력의 자의적 행사를 막기 위한 것이다. 국가의 권력은 크게 입법권, 행정권, 사법권으로 분립되고 상호 견제와 균형의 관계에 있어야 한다.

그런데 우리나라의 경우 전통적으로 행정권이 강하였다. 입법권은 과거 통법부(通法府: 정부가 만든 법률안을 그대로 통과시키는 기관)라고 불릴 정도로 행정에 비하여 그 힘이 그다지 크지 못했다. 그러나 최근 입법부의 힘이 커지고 있다. 민주국가에서 국민의 대표기관인 입법부의 권한이 강화되는 것은 바람직한 측면이 있지만, 현실에서 보면 입법권이 강해짐에 따라 그에 비례하여 폐해도 커지고 있다. 특정이익집단에 편향된 입법을 통과시켜 주거나 행정부에 인사청탁이나 압력을 행사하는 것 등을 그 예로 들 수 있다. 사법부는 독재정부 내지 권위주의 정부하에서 매우 위축되었었다. 지금도 사법권은 행정권이나 입법권에 비하여 열세에 놓여 있다고 평가할 수 있다. 삼권이 균형를 이루도록 하기 위해서는 사법권이 보다 강화되어야 한다. 사법권이 입법권 및 행정권을 적절하게 통제할 수 있도록 규범통제소송과 행정통제소송 내지 공익소송을 확대·강화하여야 한다.

오늘날 권력의 분립은 조직의 분립만이 아니라 기능의 분립으로 이해되고 있다. 또한 3권의 분립만이 아니라 언론 및 시민단체를 포함하여 5권의 분립으로도 본다. 오히려 과거 권위주의 정부하에서는 언론이 권력의 통제 및 비판기능을 수행하였는데, 현재 언론의 권력통제기능이 이전에 비하여 약하거나 실종된 것은 아닌가 반성하여야 한다. 민주화과정에서 성장해 온 시민단체의 비판과 감시기능도 오늘날에는 시민단체의 정치화로 그 기능을 제대로 발휘하지 못하고 있는 것은 아닌지 살펴보아야 한다. 시민단체가 보다 자율적이어야 하고 활성화되어야 하며, 시민단체에 의한 권력의 감시가 강화되어야 한다.

또한, 오늘날 권력의 분립은 각 권력 내에서의 분립도 필요하다. 행정부 내에서는 감사원, 국민권익보호기관, 선거관리위원회, 행정위원회 등 독립적인 지위를 갖는 기관이 확대되어야 한다. 이를 통하여 제왕적인 대통령의 권한을 제한할 수 있는 효과도 가져올 수 있다. 사법부 내에서는 법관간의 서열을 없애고 모든 법관이 평등한 지위를 갖도록 하여야 한다. 입법부 내에서는 자유로운 토론과 타협 그리고 양보의 미덕이 뿌리내리도록 하여야 하고, 국회의원의 정당에의 종속이 완화되어야 하며, 소수 정파의 의견이 무시되지 않도록 하여야 한다.

02

통치구조 – 대통령제가 좋은가, 의원내각제가 좋은가

정권이 바뀔 때마다 여지없이 과거 정권의 비리가 폭로되었다. 반복되는 정권의 비리의 가장 큰 원인은 대통령의 권한이 너무 강한 제왕적 대통령제 때문이라고 하면서 대통령제를 폐지하고 의원내각제를 도입하여야 한다는 주장이 있다. 지난 국회에서는 대통령제를 폐지하고 의원내각제 또는 이원집정부제를 도입하고자 하는 연구를 수행하고 이러한 방향으로 헌법개정을 추진하고자 했던 적이 있었다. 그러나 여전히 국민은 대통령제를 선호하고 있다. 이러한 국민의 태도에는 일리가 있다. 대통령제의 장점은 안정적인 국정운영이 가능하다는 것이다. 우리나라는 북한과 대치하고 있다. 그리고 급속한 발전 중에 있어서 사회갈등이 심각하다. 이러한 상황하에서 안정적인 행정권이 필수적으로 요구되는 것이다.

의원내각제는 이론적으로는 대통령제보다는 민주적인 제도이기는 하지만, 의원내각제하에서는 대통령제하에서 보다 정당이 분산될 수 있고, 우리나라에서는 정당간에 타협이 잘 되지 않기 때문에 정국이 매우 불안해질 수 있다. 최근 의원내각제를 취하는 벨기에에서 정부가 일 년이 넘도록 구성되지 못한 적이 있었던 것을 기억하여야 한다. 또한 정치인의 부패가 심한 상황에서 의원내각제하에서는 권력의 사유화가 확대될 수 있다. 따라서 당분간은 대통령제를 유지하되 제왕적 대통령제의 폐해를 시정하도록 하여야 한다. 이를 위하여는 청와대의 비서실을 본래의 역할대로 대통령 보좌기능으로 한정시키고, 행정에 직접 참여하는 것은 막아야 한다. 국정은 국무회의와 국무총리실 및 행정각부에 의해 수행되도록 국정운영을 정상화하여야 한다. 그리고 감사원, 인권위원회, 국민권익위원회, 공정거래위원회 등을 직무상 대통령의 지휘감독을 받지 않는 독립적인 기관으로 만들어야 한다. 미국의 독립규제위원회와 같이 여야가 3 : 2의 비율로 위원을 추천하고, 위원장을 호선하는 방법도 고려할 수 있다. 국무총리를 실세 총리로 하여 내치의 일부를 총리에게 맡기는 것도 생각해볼 수 있다. 필요하다면 국무총리제를 폐지하고 부통령제를 도입하는 것도 고려할 수 있다.

03

입법부의 기능과 과제

국회의원에 대한 불신이 하늘을 찌르고 있다. 과거에 국정감사를 통하여 행정권의 남용을 폭로하는 것으로 국민의 답답한 마음을 잠시나마 시원하게 해 주던 역할도 오늘날에는 찾아보기 어렵다. 국정감사가 힘을 잃어가고 있고, 피감기관과의 술자리나 봐주기 국정감사에 관한 언론기사가 국민을 슬프게 하고 있다.

최근 국회의 입법권이 강화되고 있고, 이는 국회 본래의 기능이 활성화되고 있다고 할 수도 있지만, 이에 따라 잘못된 입법의 폐해가 늘고 있다. 잘못된 입법으로 공익과 국익이 훼손되고, 국민의 권익이 침해되고, 법적 분쟁을 야기하는 사례가 적지 않다. 정부의 입법취지가 의회에서 변질되거나 퇴색되는 경우도 있고, 이익단체의 로비에 의한 입법이 늘고 있고, 청원경찰에 관한 입법에서 보듯이 이러한 사실이 폭로되어 국민의 분노를 일으키고 있다.

발의건수와 제정 또는 개정건수라는 양적인 입법활동만으로 의원의 입법활동을 평가하다 보니 채택되지도 않을 입법안을 무분별하게 제안하는 경우도 있고, 입법안을 제안할 때 다른 의원의 이름을 서로 끼워 넣어 주기도 한다. 의원입법절차가 정부입법절차보다 완화되어 있는 점 때문에 행정기관이 다른 부처의 반대로 정부입법으로의 추진이 어려운 입법안을 국회의원에게 부탁하여 의원입법으로 제출하는 청부입법의 경우도 적지 않다.

그러므로 앞으로 입법에 대한 질적 통제를 행해야 한다. 입법예고절차, 이해관계인의 참여절차 등 의원입법절차를 강화하도록 해야 한다. 소위원회에서 정당간의 합의만 있으면 일사천리로 입법이 통과되는 방식을 버려야 한다. 선진국에서와 같이 입법의 법적, 사회적, 경제적 영향을 사전에 분석하여 입법의 질을 높이는 입법영향평가제도가 도입되어야 한다.

국회의원은 국민의 대표자라는 인식을 확고히 해야 하며, 지역의 이익이나 정파의 이익 또는 이익집단의 이익을 지나치게 대변하지 않도록 해야 한다. 이를 위해서는 국회의원 자신의 자기반성도 필요하겠지만, 역사가 증명하고 있듯이 이는 국회의원의 자기성찰에만 맡겨둘 수는 없다. 국민, 시민단체, 입법전문가(학자, 실무가 및 학회) 및 언론의 입법활동에 대한 관심과 감시가 강화되어야 한다. 국회의원의 입법활동의 양뿐만 아니라 질을 평가하여야 한다. 잘못된 입법을 한 국회의원과 좋은 입법을 한 국회의원의 명단을 공표하여야 한다. 국회의원을 뽑아 국회에 보낸 국민은 이에 관한 정보를 알 권리가 있다.

04

행정부의 기능과 과제

우리나라에서 행정권은 입법권 및 사법권에 비해 훨씬 막강한 권력을 갖고 있다. 그리고 국민생활에 가장 많은 영향을 미친다. 행정권 내에는 검찰청, 국세청, 국정원, 경찰청, 군, 기획재정부 등 막강한 권력기관이 많다. 그렇지만 행정에 대한 국민의 신뢰는 높지 못하다.

우리나라 행정의 문제로는 관료주의, 획일적 행정, 전문성의 결여, 보신행정과 소극행정 등을 들 수 있다.

행정은 국민에게 서비스를 제공하는 것을 임무로 하여야 하는데, 행정자체가 하나의 권력기관화되어 국민중심이 아니라 행정중심의 행정을 하는 행태가 있다. 공무원의 우선순위는 국민에 대한 봉사가 아니라 승진에 있다. 승진에 따라 공무원에 대한 대우가 좋아지기 때문이다. 모든 공무원이 국장이 되기를 바라고, 장관이 되기를 열망한다. 공무원 자신과 공무원 조직을 위한 행정이 아니라 국민의 권익을 보호하는 행정이 되도록 행정시스템을 근본적으로 변경하여야 한다.

우리나라의 행정은 매우 획일화되어 있다. 획일행정은 개발시대에 신속한 행정을 가능하게 하고 자의적인 행정을 막는 점에서는 장점이 되기도 하였지만, 구체적 타당성이 있는 맞춤형 행정을 가로막는 문제가 있다. 우수한 시각장애인이 획일화된 입학시험시간 때문에 우리나라의 상위권 대학에 불합격하였지만, 시험시간을 더 준 미국의 일류대학에는 합격한 것은 획일행정의 문제점을 단적으로 드러내고 있다.

우리나라에서 공무원은 순환보직을 한다. 그러다 보니 전문성이 부족하다. 나라의 발전 수준이 높지 않고, 행정권이 기업 등 민간부문보다 월등히 강한 권한을 가진 때에는 공무원의 전문성이 크게 요구되지 않았지만 지금과 같은 고도산업사회이고 지식사회이면서 민주화된 사회에서는 공무원에게 민간전문가를 압도할 수 있는 전문성이 요구된다. 최근 외부전문가의 자문을 받으며 전문성의 부족을 보완하고 있기는 하지만, 아웃소싱에만 공무원의 전문성을 의존

시킬 수는 없다.

공무원은 신분이 보장되고 정액의 봉급을 받는다. 따라서 공무원은 모험하기보다는 안전을 추구한다. 어떻게 하면 징계를 받지 않고, 책임을 지지 않고 공무원의 지위를 유지하는가 하는 것이 중요하다. 괜히 적극적으로 나서다가 문제가 생기는 것을 꺼리고, 소극적으로 방어적으로 업무를 처리하는 경향이 있다. 특히 우리나라의 행정에서 가장 큰 문제는 몰랐다는 것이 변명이 되고 책임을 추궁당하지 않는 수단이 되고 있다는 것이다. 몰랐다 하더라도 과실이 있으면 책임지우고, 몰랐다는 데에 과실이 없더라도 공무원이 업무에 관하여 모른다는 것은 공무원으로서의 자격이 없는데도 말이다. 소극행정을 막고, 적극적인 서비스행정을 조장하는 방안을 마련하여야 한다.

05

사법부의 기능과 과제

'유전무죄'는 사법권에 대한 국민의 불신을 나타내는 말로 사용되고 있다. 그렇지만 사법권에 대한 믿음도 없는 것은 아니다. 사법부는 극심한 사회갈등의 해결기능을 나름대로 담당하고 있고, 법원의 판결에 불만을 갖는 경우도 있지만, 법원의 판결을 수긍하여 나름대로 분쟁이 해결되고 있다. 법관 중에는 문제가 있는 법관도 있지만, 정의를 실현하려고 노력하는 법관도 있다. 사법권이 국민의 신뢰를 받고 있다고 보기는 어렵지만, 입법권이나 행정권에 비하면 국민의 불신을 덜 받고 있는 것으로 판단된다.

사법부는 국가의 법질서를 유지하고 국민의 권익을 보호하는 최후의 보루로 기능할 수 있도록 거듭나야 한다.

우선 사법권의 독립성을 확고히 하는 것이 가장 중요하다. 독립성보장을 위해 가장 중요한 것이 법관의 신분보장이다. 이러한 점에서 법관 재임용제도는 폐지하는 것이 타당하다. 일부 법관에게 문제가 있을 수 있지만 재임용제가 가져오는 법관의 독립성에 대한 훼손의 폐해는 더 크다고 보아야 한다. 법관은 형사상 소추에 의해 탄핵되지 않고, 심신상실로 직무수행이 불가능하게 되지 않는 한 신분이 보장되어야 한다.

법관의 엘리트의식을 버려야 한다. 과거 가장 우수한 사람이 사법시험에 합격하였고, 사법시험 합격자 중에서 가장 우수한 사람이 법관에 임용된 것은 사실이다. 그러나 법관도 공무원으로서 국민에 대한 봉사자가 되어야 한다. 법관의 권위는 엘리트의식에서 나오는 것이 아니라 공정하고 질 높은 판결에서 나온다는 것을 알아야 한다.

법관의 전문성을 길러야 한다. 우리나라에서는 법관이 민사, 형사, 행정, 기타 특별사건 모두를 심판할 수 있다는 전제하에 순환배치를 하고 있다. 그런데, 사회가 발전함에 따라 매우 복잡하고 전문적인 사건이 많이 제기되고 있어 이 모든 사건을 한 사람이 잘 알 수 없는 것이 현실이다. 법관이 전문분야를 갖도록 하여야 한다. 전문분야에 정통한 전문가를 법관으로 임명하거나 재판연구원으로 임명하는 방안도 전향적으로 검토하여야 한다.

법관의 지나친 소극주의를 버리고 권력에 대한 피해의식을 극복하여야 한다. 과거 독재권력에 의해 사법권을 유린당한 경험에 의해 사법부는 권력에 대해 지나치게 저자세를 취하고 있는 측면이 있다. 법관은 권력 앞에 당당하여야 한다. 법관은 법과 양심에 따라서만 재판하여야 한다. 권력이 개입된 사건은 보다 엄격하게 판결하여야 한다. 소수자를 보호하는 기능을 수행하여야 한다. 유권무죄, 무권유죄가 아니라 권력자에 냉엄하고, 힘없는 일반국민의 억울함을 풀어주는 사법부가 되기를 기대한다.

06

사법의 본질 – 사법적극주의와 사법소극주의

사법의 본질을 어떻게 볼 것인가 그리고 권력분립과 관련하여 사법을 어떻게 볼 것인가에 관하여 사법소극주의와 사법적극주의가 대립한다.

사법소극주의는 분쟁에 대한 규범논리적인 해결을 주장하고, 재판에 있어서 정책적 고려를 배제한다. 또한, 사법소극주의는 사법의 목적을 권리구제에 한정하고 사법의 행정통제기능에 대해서는 무관심하다. 달리 말하면 사법의 입법 및 행정에 대한 견제기능을 부정한다. 사법소극주의는 입법부나 행정부의 결정에 대해 법원이 개입하는 것을 자제하는 입장을 취하고, 그 결과 행정부와 입법부의 재량에 대한 통제에 소극적이다.

이에 대하여 사법적극주의란 재판시 규범논리적 해결과 함께 정책적 고려(판결의 정치·사회적 효과의 고려)를 행한다. 그리고 사법을 삼권분립의 한 축으로 생각하며 행정 및 입법에 대한 사법의 견제기능을 인정한다. 사법적극주의는 사법소극주의에 대한 반성으로 등장하였다.

사법소극주의와 사법적극주의의 문제를 보수와 진보의 문제와 혼동하여서는 안 된다. 종전에 비하여 사법부의 독립과 국민의 권리구제기능이 강화되어야 한다는 일반적인 흐름이 있는데, 이는 진보와 보수의 문제와는 무관한 것이다. 행정부 및 입법부에 대한 법원의 견제기능도 사법소극주의와 사법적극주의의 문제이지 보수와 진보의 문제는 아니다. 사회적 약자의 보호와 소수자의 보호도 민주주의의 필요요소이며 진보의 전유물은 아니다.

사법적극주의를 취하면 사법의 정치화가 우려되고, 일반적으로 사법부 보다는 입법부 및 행정부의 힘이 강하므로 사법이 정치문제에 너무 개입하다 보면 입법이나 행정에 비해 그 힘이 열세에 놓여 있는 사법부는 입법부와 행정부로부터 견제를 받아 사법의 독립이 훼손될 위험이 있다. 또한, 본질상 사법은 재판이 제기된 경우에 소극적으로 판결에 의해 견제를 할 수 있을 뿐이며 행정부나 입법부와 같이 적극적으로 행사할 수 있는 권력이 없다. 그리하여 사법의 힘은 사법부의 독립과 국민의 사법에 대한 신뢰, 즉 여론으로부터 나오며 이를 통해 입법부나 행정부의 압력에 대처할 수밖에 없다.

이용훈 전 대법원장은 2011년 2월 28일 대법원 청사에서 열린 신임 법관 임명식에서 "이제 법관은 과거의 수동적인 역할을 넘어 사법의 후견적·치유적 기능을 적극적으로 담당해야 한다."라고, 그리고 "사법부는 국민의 사법적 후견인으로서 국민의 아픔과 고통을 치료해 정상적인 생활로 복귀할 수 있게 해야 한다."라고 말하였다. "사법의 후견적·치유적 기능"이라는 다소 강한 표현을 쓴 것은 그동안의 사법의 대행정부관계에서의 극도의 신중한 자세 내지 극도의 소극적인 관행에서 벗어나야 한다는 것을 강조한 것으로 이해할 수 있고, 그러하다면 이용훈 전 대법원장의 주장은 타당한 것이라고 할 수 있다.

전통적으로 법원은 입법의 불비나 모순을 과감히 지적하기보다는 입법의 불비를 보완하여 구체적으로 타당한 판결을 내리고자 노력하였다. 이는 긍정적인 측면도 있지만, 입법과 다른 결론을 내림으로써 입법에 대한 예측가능성을 무시하는 결과를 가져오고, 판결의 논리성이 결여될 수밖에 없게 되고, 이는 판결에 대한 신뢰의 상실로 이어질 수 있다. 입법을 무시한 행정결정에 대해 판결로 그 위법성을 명확히 선언하고, 입법의 불비를 지적함으로써 위법한 행정을 시정하도록 하고 입법의 불비를 입법을 통하여 해결하도록 하는 것이 바른 길이라고 할 수 있다. 또한 이렇게 함으로써 실질적 법치행정을 담보할 수 있다.

전통적으로 사법의 기능을 법적 분쟁의 해결기능에 국한하는 경향이 있지만, 이에 더하여 법질서 유지기능을 포함하는 것으로 이해하여야 한다. 행정소송에서는 권리구제뿐만 아니라 적법성 보장기능을 행정재판의 기능에 포함시켜야 한다.

07

지방자치의 현황과 과제

지방자치라 함은 지방사무(지역적 특성이 있는 사무. 고유사무 또는 자치사무라고도 한다)를 지방자치단체가 자율적으로 수행하도록 하는 것을 말한다. 이에 반하여 중앙집권행정이라 함은 모든 행정을 국가기관에 의해 수행하고, 행정권력이 중앙에 집중되어 있는 행정을 말한다.

우리나라는 1988년 지방자치법 전면개정에 의해 지방자치제도를 도입하였다. 지방자치는 지방의 특성을 고려한 행정을 할 수 있고, 주민의 의사가 반영된 행정을 할 수 있는 점 등에서 그 의의가 크다. 지방자치가 제대로 행해지기 위하여는 지방자치단체에게 자치조직권(지방자치단체가 지방행정조직을 자주적으로 조직할 수 있는 권한), 자치행정권(지방자치단체가 지방사무를 자율적으로 수행할 수 있는 권한) 및 자치재정권(지방자치단체가 자주적인 재원을 보유하고, 지방재정을 자율적으로 관리할 수 있는 권한)이 보장되어야 한다.

이러한 관점에서 보면 우리나라의 지방자치는 현재 10% 정도 부족한 상황이라고 할 수 있다.

지방조직과 관련하여 광역자치단체의 부단체장(부지사 또는 부시장) 중 1명이 국가공무원으로 임명되고 있는 것은 지방자치의 취지에 맞지 않는다. 지방자치의 도입기 내지 과도기에 국가공무원인 부단체장이 국가와 지방 사이의 소통과 협력의 창구가 되는 기능을 수행할 수는 있지만 지방자치가 제대로 정착되기 위하여는 부단체장을 모두 지방공무원으로 임명하는 것이 타당하다.

지방행정과 관련하여서는 국가사무와 지방사무의 구분이 문제된다. 그동안 국가사무를 지방사무로 꾸준히 전환하여 왔지만 아직도 지방사무로 하는 것이 타당한 국가사무가 적지 않다. 그리고 지방자치단체는 자치사무만 수행하는 것이 아니라 국가사무도 수행한다. 국가사무를 국민과 가까운 거리에서 수행할 필요가 있기 때문에 세무서, 경찰서, 지방환경청 등 국가기관을 지방에 설치하여 수행하는 경우도 있지만, 별도로 국가의 지방행정기관을 설치하지 않고 지방자치단체에게 위임하여 수행하게 하는 제도를 취하고 있는 것이다. 쉽게 말하면 국가가 지방자치단체의 기관을 빌려 쓰고 있는 것이다.

현재 지방자치단체가 행하는 사무 중 반 이상이 국가위임사무이다. 그리고 국가위임사무는 대부분 지방자치단체의 장에게 위임된 기관위임사무이다. 기관위임사무를 수행함에 있어서는 이를 수행하는 지방자치단체의 장이나 지방자치단체의 집행기관을 법적으로는 국가기관으로 본다. 따라서, 지방자치단체의 장과 집행기관은 지방사무를 수행할 때에는 지방자치단체의 집행기관의 지위를 갖고, 기관위임사무를 수행할 때에는 국가기관의 지위를 갖는다는 즉, 2중적 지위를 갖는다는 이상한 상황이 초래된다. 그리고, 기관위임사무를 수행함에 있어서는 지방자치단체의 자치권은 인정되지 않고, 국가기관의 포괄적인 지휘감독을 받는다. 이러한 문제점을 해결하기 위하여 기관위임사무 중 자치사무로 할 것은 자치사무로 이양하고, 나머지는 지방자치단체의 장이 아니라 지방자치단체에게 위임하는 법정수임사무로 하려는 지방자치법 개정안이 마련되어 있다.

지방자치법에 의하면 지방자치단체가 자치사무를 수행하는 경우에도 그 처분이 위법한 경우 국가기관은 일방적으로 시정명령을 내리고 취소·변경할 수 있는 것으로 되어 있는데, 이는 지방자치의 취지에 반한다. 외국의 입법례에서 보듯이 자치사무의 위법 여부에 관하여 지방자치단체의 장과 국가기관 사이에 다툼이 있을 때에는 그 위법 여부를 처음부터 법원이 결정하도록 하여야 할 것이다. 광역자치단체의 장이 국가를 대신하여 기초자치단체의 행정을 감독하는 것도 지방자치의 취지에 맞지 않는다. 광역자치단체의 장과 기초자치단체의 장은 다 같이 주민의 선거에 의해 뽑힌 것이므로 광역자치단체의 장과 기초자치단체의 장은 상하관계에 있지 않다.

지방자치단체의 자치와 관련하여 가장 문제가 되는 것은 지방재정의 문제이다. 현재 지방자치단체의 자주적인 재원이 원천적으로 부족하다. 서울과 같이 지방재정자립도가 90% 정도인 경우도 있지만, 지방재정자립도가 30% 정도에 그치는 지방자치단체도 있다. 지방자치단체의 부족한 재원을 국가가 보조해주고 있기 때문에 지방자치단체는 국가에 의존할 수밖에 없다. 사무수행에는 재정지출이 수반되고, 국가가 재정을 지원하면 재정지출을 감독하여야 하기 때문에 재정감독을 통하여 국가가 지방사무의 수행에도 영향을 미칠 수 있게 된다. 현재 지방자치단체의 재정자립도가 낮은 것이 지방자치의 가장 큰 걸림돌이 되고 있다. 앞으로의 과제는 지방자단체의 재정자립도가 90% 이상이 될 수 있도록 국세와 지방세를 조정하는 것이다. 그리고 국가가 국가사무를 지방자치단체에 위임하는 경우에는 그 비용도 정확히 계산하여 지급하여야 하는데, 이를 제대로 이행하지 않는 경우가 많다. 사무를 위임할 때에는 그에 비례하여 비용도 이전하도록 하여야 할 것이다. 지방의 자주재정과 국가재정의 구분이 모호하고 지방의 재정자립도가 낮다 보니 지방재정과 관련하여 지방자치단체는 국가에 의존적이 되고 있다. 이에 따라 지방자치단체의 책임성도 떨어지고 있다. 지방자치단체는 적자가 나면 국가가 보조금으로 지원해 줄 것으로 믿기 때문에 지방자치단체의 예산운영이 방만한 것이 현실이다. 지방청사를 호화롭게 짓는 사례, 경전철사업 등 대규모사업을 잘못 시행하여 큰 재정적자를 내는 사례 등 그 도가 지나치다. 앞으로 지방자치단체의 자치재정을 확보해 준 후 방만한 재정운영으로 재정적자가 심하게 된 지방자치단체는 파산하도록 제도를 정비할 필요가 있다. 또한 주민감사와 주민소송을 활성화하여 방만한 지방재정운영을 통제하여야 할 것이다.

국가사무를 국가기관을 통하지 않고 지방자치단체를 통하여 수행하기 때문에 다음과 같은 문제도 제기된다. 국가사무는 전국적으로 통일적으로 행해져야 하는 사무인데, 지방자치단체가 수행하다 보니 지방자치단체에 따라 특별한 사유 없이 처분이 달라지는 문제가 있다. 특히 법규위반에 대한 제재처분의 경우 지역에 따라 법규위반 단속을 제대로 하는 자치단체와 단속을 제대로 하지 않는 자치단체가 있고, 법규위반 단속 후 제재처분을 내림에 있어서도 법대로 엄한 제재처분을 내리는 지방자치단체와 주민의 선거권을 의식하여 가벼운 제재처분을 내리는 자치단체가 있다.

지방자치가 강화됨에 비례하여 지방행정의 책임성도 강화되어야 한다. 앞에서 언급한 대로 지방자치단체의 파산제도를 도입하는 것 이외에 지방자치단체에 대한 감사제도를 강화하여야 한다. 그리고 주민소환, 주민감사청구, 주민소송 등 주민에 의한 통제를 강화하여야 한다.

입법절차의 허와 실 | 의원입법의 실태와 과제 | 국회의원은 지역의 대표인가, 국민의 대표인가 | 입법의 질을 높이자 | 입법의 영향을 사전에 분석·평가해야 한다 | 입법이유제도의 미흡과 개선방안 | 입법청원과 입법로비 | 입법지원조직의 미흡 | 조약의 국내법적 효력 – 일원론과 상호주의 원칙의 도입 | 한미 FTA의 국내법적 문제 | 한미FTA상 간접수용의 문제

PART Ⅲ

입법정의 – 입법의 실태와 과제

01

입법절차의 허와 실

졸속입법이라 함은 신중하게 제정되지 않은 함량 미달의 입법을 지칭한다. 졸속입법의 원인은 다양하지만 가장 중요한 것은 입법절차의 미흡이다.

정부입법절차는 다음과 같다. 입법계획의 수립 – 소관부처의 법령안의 입안(약 30 ~ 60일) – 관계기관과의 협의 및 당정협의(약 30 ~ 60일) – 입법예고(약 20일) – 규제심사(약 15 ~ 20일) – 법제처 심사(약 20 ~ 30일) – 차관회의 심의(약 7 ~ 10일) – 국무회의 심의(약 5일) – 대통령 재가 및 국회제출(약 7 ~ 10일) – 국회 심의·의결 및 공포안 정부이송(약 30 ~ 60일(장기간 계류되는 경우는 예외로 함)) – 국무회의 상정(약 5일) – 공포(약 3 ~ 4일). 정부입법절차는 나름대로 절차가 정립되어 있다. 정부입법절차 중 부족한 점은 이해관계인의 의견수렴절차의 미흡이다. 입법예고제도가 도입되어 있고, 입법공청회를 개최하는 경우도 적지 않지만, 형식적인 경우가 많다. 이해관계인의 의견을 법률안 입안단계에서 반영하는 미국에서 시행되는 협의에 의한 입법절차(negotiated rulemaking)가 도입되어야 한다. 공청회도 반나절 공청회나 설명회가 아니라 실질적으로 의견을 수렴하는 절차가 되어야 한다. 법안심사의 중복성을 배제하고 신속성을 높이기 위해 규제심사와 법제처 심사를 통합하는 것을 검토하여야 한다.

국회입법절차는 다음과 같다. 법률안의 발의·제출 – 본회의 보고 – 위원회 회부 – 위원회 심사 – 위원회 의결(가결(원안의결, 수정안의결 또는 대안의결) 또는 폐기) – 체계·자구심사(법제사법위원회)(위원회 가결시) – 심사보고서 제출 – 본회의 심의·의결. 국회입법절차는 정부입법절차에 비하여 상대적으로 부족한 점이 많다. ① 의원입법의 경우 발의가 쉽다. 의원 10인 이상이라는 요건 이외에 다른 요건이 없다. 의원입법의 경우 규제심사절차를 거치지 않는다. ② 제정법률안 및 전부개정법률안에 대한 위원회 심사에 한하여 공청회 개최가 의무로 되어 있지만, 이 경우도 위원회의 결정으로 공청회를 개최하지 않을 수 있는 것으로 하고 있다(국회법 제58조 제6항). 또한, 공청회가 개최되는 경우에도 형식적으로 개최되는 경우가 많다. ③ 법령안이 소관상임위원회 중심으로 운영되고, 관련위원회와의 협의 및 의견조정이 충분히 행해지고 있지 못하다. 달리 말하면 입법안에 대한 통합적 심사가 행해지고 있지 못하다. ④ 법안심사소위원회에서 여야가 합의한 법률안은 일사천리로 통과되는 경향이 있다. 본회의에서는 충분한 심의없이 소관위원회에서 심의의결한 내용을 그대로 통과시키는 경향이 있다.

현재 법률안이 본회의에서 법안단위로 심의의결되고 있어 법률안의 내용에 대한 심리가 충실히 행해지고 있지 못하다. 위원회에서는 축조(조문별)심사가 행해지지만, 제정법률안 및 전부개정법률안을 제외하고는 위원회의 의결로 생략이 가능하고(실제로 축조심사는 생략되는 경우가 많다), 의결은 몇 개의 조문을 묶어서 하거나 법안단위로 행해진다. 통상 법률은 법률 조문별로 적용되는 것이 보통이고, 법률 조문 하나하나가 중요한 것이므로 선진국의 예에서와 같이 상임위원회와 본회의에서 조문별로 심의·의결하도록 하여야 한다. 그리고 조문별로 의원의 찬성, 반대 또는 기권의 기록을 남겨 국회의원의 책임성을 높일 필요가 있다.

02

의원입법의 실태와 과제

국회의 기능 중 가장 기본적인 것은 입법기능이다. 그러므로 의원입법의 활성화는 당연한 것이고 환영할 일이다. 그런데, 과거에는 정부입법이 주를 이루었고, 국회는 정부가 제안한 법률안을 통과시키는 거수기의 역할만을 수행하였다. 그래서 국회를 통법부(通法府)라 불렀다.

그러나 지금은 상황이 달라지고 있다. 의원입법이 홍수를 이루고 있다. 현재 의원입법이 숫자면에서는 정부입법을 앞서고 있다. 시민단체나 일부 언론매체 등이 의원의 입법활동을 법률안 발의건수로 평가하면서 의원입법이 양적으로 급격히 늘어났다. 의원입법 중에는 이미 제출되어 있는 법률안의 일부 내용만 변경한 중복법률안이 적지 않고, 1개 내지 몇 개의 간단한 조문만을 개정하는 간단한 법률안도 적지 않다.

현재 의원입법의 질에 문제가 많음에도 불구하고 의원입법의 질에 대한 평가는 행해지고 있지 않다. 의원입법의 발의건수로 의원의 입법활동을 평가할 것이 아니라 발의하여 의결된 법률안을 기준으로 평가하여야 한다. 의원의 입법활동에 대한 평가에 있어서 제정법률안이나 전부개정법률안에 일부개정법률안보다 가중치를 주어야 한다. 또한 한두 개 조문의 개정이라도 복잡하고 중요한 개정인 경우에는 높게 평가하여야 할 것이다.

학계 또는 시민단체는 의원입법의 질을 평가하여 우수한 의원입법과 문제가 있는 의원입법을 선별하여 공개하는 것을 검토할 필요가 있다. 이해관계인의 의견수렴, 법제관의 심사 등 의원입법의 발의절차를 법제화하여야 한다.

03

국회의원은 지역의 대표인가, 국민의 대표인가

국회의원은 입법부의 구성원이면서 각자가 하나의 헌법기관이다. 국회의원은 위원회와 본회의에서 발언하고, 질의하고, 표결할 수 있는 권한을 갖는다. 또한, 다른 의원과 공동으로 법안 등 의안을 발의할 수 있고, 국회재적의원 1/4 이상이 공동으로 국정조사를 요구할 수 있고, 실제로 국정조사를 행할 수 있다. 이에 반하여 국회의원은 헌법을 준수하고 국민의 자유와 복리의 증진 및 조국의 평화적 통일을 위하여 노력하며, 국가이익을 우선으로 하여 국회의원의 직무를 양심에 따라 성실히 수행하여야 하고(국회법 제24조), 의원으로서의 품위를 유지하여야 한다(국회법 제25조).

국회의원은 기본적으로 국민의 대표로서 국민의 의사를 국가의 의사결정에 반영하여야 할 책무를 진다. 국회의원은 선거구 지역주민의 대표 또는 정당의 대표보다는 국민 전체의 대표로서 활동하여야 한다. 그러나 실제에 있어서 국회의원은 정당의 거수기의 역할을 하는 경우가 많다. 이를 시정하기 위하여 당론의 관행을 없애고, 국회의원의 표결은 원칙상 공개하여야 한다. 국회의원은 지역민원의 해결기관이 아님에도 지역민원을 해결하고, 개발사업을 유치한 것을 자랑으로 여기는 것이 현실이다. 한 지역에 개발사업을 유치한다는 것은 다른 지역에 배정될 수 있었던 개발사업 또는 예산을 가져왔다는 말도 되므로 지역사업을 잘한 것이 자랑만 할 일이 아니라는 것을 알아야 한다. 선거권자인 국민도 지역의 일꾼이 아니라 국민의 대표가 될 수 있는 의원을 뽑아야 한다. 국회의원이 지역의 사정에 밝기 때문에 지역의 사정을 입법과 예산에 반영할 수 있도록 전달하는 것은 용납되지만, 지역이기주의의 대변인이 되어서는 안 된다.

04

입법의 질을 높이자

로비입법, 무더기 입법, 절차회피입법, 졸속입법, 행정편의적 입법, 부처이기주의 입법, 소 잃고 외양간 고치는 입법, 대증(對症)입법 등은 나쁜 입법의 표현이다. 나쁜 입법은 국민의 권익을 부당하게 침해하고, 사회혼란을 가중시키고 국가경쟁력을 약화시키는 결과를 가져온다.

국가운영이 입법, 행정, 사법으로 이루어지는데, 그 중 첫 단추에 해당하며 가장 중요한 것이 입법이다. 입법이 잘못되면 행정이 법을 잘 집행하는 것이 득이 되는 것이 아니라 오히려 해악을 끼치게 된다. 아무리 재판을 잘 하려고 해도 법이 잘못 되어 있으면 좋은 판결을 내릴 수 없다. 이러한 점에서 법치주의하에서는 입법이 국가운영의 만사이며 국민복리의 기초라고 할 수도 있다. 그러나 나쁜 법은 법치주의라는 기치 아래 폭정의 도구가 되기도 하고 인간의 자유를 옭아매는 족쇄가 된다. 법은 명과 암의 야누스의 얼굴을 갖고 있다.

그동안의 급격한 국가발전과정에서 정부입법을 중심으로 나름대로 법질서를 이룩하여 왔고, 우리나라의 법제도는 후발 개발도상국가의 참고사례가 되기도 한다. 더욱이 최근 들어 국회의원들의 입법에 대한 관심이 높아짐으로써 의원입법도 활성화되고 있다. 그러나 선진국의 기준에 비추어 본다면 우리의 입법이 후진성을 완전히 탈피하였다고 평가하기는 어렵다.

그동안 잠자고 있던 국회의원의 입법에 대한 관심과 입법활동을 일깨우고 촉진한 시민단체의 입법활동평가는 결코 과소평가되어서는 안 된다. 그런데 시민단체의 입법활동평가가 입법제출건수 위주로 행해져 국회의원 사이에 과당경쟁을 불러일으키고 있고 그 폐해 또한 적지 아니하다. 로비입법의 유혹에 빠지기 쉽고, 국회의원의 이름을 서로 넣어주는 끼워주기 입법과 내용에는 큰 변경 없이 자구를 바꾸는 입법안으로 건수를 올리고, 입법공무원과 정부공무원에 대한 입법안 작성을 위한 요청이 도를 넘고 있다.

정부입법에도 문제가 있다. 입법이 국정운영이나 공무원 평가의 기준이 되다보니 불요불급하지 않음에도 불구하고 실적 올리기식 입법이 행해지고, 입법이 행정조직의 존재이유 및 활동근거가 되다보니 정부 차원이 아닌 부처나 과나 팀단위로 입법이 행해지는 문제가 있다.

입법이 정책목표를 제대로 실현할 수 있는 방식으로 제정되어야 국가정책이 제대로 실행될 수 있다. 입법과정에서 관련 이익이 적절히 조절되지 못한 경우에는 입법안으로 불이익을 받는 집단으로부터 저항이 생겨 입법이 지연되고, 입법 후에도 그 적용과정에서 저항에 부딪혀 법집행에 어려움이 발생한다. 또한 입법 후 위헌·위법으로 효력을 상실하는 경우 정책목표의 실현이 좌절·중단되고 새로운 법을 제정할 때까지 법의 공백 또는 혼란이 야기되기도 한다.[1] 또한 법규정이 불명확한 경우 법집행에 어려움이 생기며 행정권의 자의적인 집행의 가능성이 커져 법집행에 대한 불복이 증가하게 된다. 법령이 불명확하고, 법규정이 알기 어려우며 법령이 자주

1 예를 들면, 지방자치단체가 대형마트와 기업형슈퍼마켓(SSM)의 영업을 월 2회 제한하는 것으로 조례를 제정하였는데, 서울행정법원은 대형마트와 기업형슈퍼마켓(SSM)의 영업시간제한 그 자체는 정당하다고 하면서도 지방자치단체의 조례가 의무적으로 월 2회 영업을 제한하는 것으로 규정하여 지방자치단체의 장에게 대형마트와 기업형슈퍼마켓(SSM)의 영업제한 여부 및 범위와 관련하여 재량권을 부여한 상위법인 유통산업발전법을 위반하였고, 지방자치단체의 장은 의견제출의 기회를 주고 영업시간제한처분을 하여야 하는데 그렇게 하지 않아 행정절차법을 위반하였다고 하였다. 이에 따라 대형마트와 기업형슈퍼마켓(SSM)의 영업시간을 제한하는 조례를 유통산업발전법에 맞게 다시 만들어 영업시간을 제한할 수는 있지만, 그 때까지 대형마트와 기업형슈퍼마켓(SSM)의 영업시간제한정책의 집행에 큰 혼란이 초래되었다. 지방자치단체 조례의 제정사항 및 한계를 명확히 규정하지 않은 유통산업발전법 제12조의2도 문제가 없지 않다.

바뀌는 경우 규제의 예측가능성이 떨어져 자유로운 경제활동 및 사회활동이 위축될 수 있다.

이러한 점에 비추어 10여 년 전부터 선진국에서 추진되고 있는 입법의 질을 높이기 위한 정책을 우리도 추진하여야 한다. 좋은 법이라 함은 대립되는 이익을 적절히 조절하는 치우침이 없는 법, 명확하고 알기 쉬운 법, 이해관계인의 의견을 수렴하는 등 적정한 입법절차를 거친 법, 현실에 적합하고 집행가능성이 있는 법, 필요한 법, 국민이 지킬 수 있고 국민의 신뢰를 받는 법, 너무 자주 바뀌지 않는 법, 사후약방문이 아니라 선제적으로 대응하는 법이다. 경제위기하에서 사회의 불안과 갈등이 커지고 있는 지금 좋은 법질서의 확립은 어느 때보다도 강하게 요구되고 있다. 법이 공정한 게임의 룰을 만들어 주고 국정의 방향을 명확히 제시해주어야 한다. 좋은 법은 국민복리, 사회안정 및 국가경쟁력의 전제조건이다. 좋은 법이 전제될 때에만 법치주의도 제 빛을 발할 수 있고 한층 더 고양될 수 있다.

입법의 질 제고에 관한 현행제도의 문제점으로는 위헌성통제의 미흡, 입법이유의 미흡, 입법영향평가의 미흡, 입법의 전문성 미흡, 정부입법계획의 미흡, 입법절차의 미흡, 불필요한 법령의 존재 및 법령이해의 어려움 등이 있다.

입법의 질 제고를 위한 현행제도의 개선방안으로는 다음을 들 수 있다. ① 법령의 합헌성심사를 법령심사항목의 하나로 명시적으로 규정할 필요가 있다. ② 입법안에 입법이유가 충실히 제시되도록 하여야 한다. 특히 입법이유는 원칙상 개별 조문별로 제시하여야 한다. ③ 입법안에 법령개정의 근거, 관계법령 및 절차준수 여부를 명시하도록 하여야 한다. ④ 입법영향평가제도를 단계적으로 도입하여야 한다. 입법영향평가제도의 여건을 조성하도록 노력하여야 한다. ⑤ 입법역량을 강화하여야 한다. 이를 위하여 입법담당자의 교육을 강화하고, 입법심사기관의 공무원과 입법안작성기관의 공무원을 상호 교류할 필요가 있다. 입법작업에 대한 외부전문가의 참여를 확대할 필요가 있다. ⑥ 입법계획제도의 실효성을 강화하여야 한다. ⑦ 이해관계인의 의견청취를 강화하여야 한다. ⑧ 불필요한 법령을 제정하지 못하도록 하기 위하여 입법필요성을 법제심사기준의 하나로 명시하여야 한다. ⑨ 법령규정의 수범자인 국민이 법규정을 쉽게 이해할 수 있도록 하여야 한다.

입법자를 통제할 수 있는 기관은 국민 밖에 없다. 입법에 대한 주권자인 국민의 감시가 활성화되어야 한다. 입법전문가로 평가위원단을 구성하여 의원입법의 질을 평가하는 방안을 모색하여야 한다. 공익을 우선시하는 입법운동단체의 발전이 필요하다. 입법이유제도, 입법영향평가제도, 적법한 입법절차 등 좋은 법을 만들기 위한 제도의 정비와 입법전문인력의 양성이 필요하다.

입법의 질을 높이는 것은 국가경쟁력의 제고에 있어 중요한 요소라는 인식을 갖고 입법의 질을 높이기 위한 노력을 기울여야 한다.

05

입법의 영향을 사전에 분석·평가해야 한다

현재 입법으로 인한 법적, 행정적, 예산적, 사회적, 경제적 영향 등이 사전에 제대로 평가되지 못하고 있어 불필요한 입법이 행해지거나 입법목적을 제대로 달성할 수 없는 내용으로 입법되거나 심지어는 입법으로 인하여 오히려 문제를 악화시키는 경우도 있다. 이에 반하여 선진 각국에서는 입법영향분석(평가)제도를 도입하여 시행하고 있을 뿐만 아니라 입법영향평가제도의 발전을 위해 꾸준한 노력을 기울이고 있다. 독일, 영국, 미국, 스위스, 오스트리아 등 선진 외국에서는 10여 년 전부터 입법영향평가제도를 도입하여 시행해 오고 있다. 우리나라에서도 현재 비용추계제도, 규제영향분석, 성별영향평가, 부패영향평가 등 입법영향평가제도의 일부라고 할 수 있는 제도가 부분적·개별적으로 시행되고 있지만, 개별영향평가가 별도로 진행되다 보니 절름발이평가, 평가간 연계성 결여 등의 문제가 제기되고 있다.

입법영향평가제도는 정부입법이든 의원입법이든 입법의 행정적, 법적, 사회적, 경제적, 예산적 영향을 사전과 사후에 평가하여 입법목적을 효과적으로 달성할 수 있도록 지원하는 제도를 말한다.

① 법적·행정적 영향의 분석은 다음과 같이 행해진다. i) 우선 법률안 및 명령안 규정의 주요 내용을 명확히 함으로써 법적 상태에 대한 변경의 정도와 추구된 목적에의 합치를 정확하게 나타내도록 하여야 한다. ii) 영향평가서에는 법적, 행정적 관점에서 가능한 여러 해결방안을 검토하고 이 중에서 채택된 안의 이유와 제안된 변경의 필요성이 제시되어야 한다. iii) 법규정의 법적 안정성에 대한 영향이 포함되어야 한다. iv) 새로운 법규범을 시행함에 있어서의 국가, 지방자치단체 등 공공기관의 능력을 인적, 물적 및 예산의 관점에서 제시하여야 한다. v) 행정간소화라는 관점에서의 새로운 법규범의 영향과 함께 특히 기업 및 기타 유형의 이용자에게 가해지는 행정규제에 대한 영향을 제시하여야 한다. 행정규제의 폐지 내지 완화가 모색되어야 하며 규제절차의 강화는 중대한 공익에 의해 정당화되어야 한다.

② 사회적 영향의 분석은 다음과 같이 행해진다. 입법평가에 있

어서 민주주의 원칙, 공익 및 문제된 사익의 측면에서 제안된 규정이 사회에 대해 미치는 영향을 구체적으로 평가할 수 있는 요소를 제공하여야 한다. 특히 자연인 및 법인에 대한 법령안의 긍정적·부정적인 영향을 평가하여야 하고 그로부터 사회복지의 관점에서 기대되는 개선을 도출하여야 한다.

③ 경제적 영향의 분석은 다음과 같이 행해진다. 입법평가에 있어서 제안된 조치의 미시경제학적이고 거시경제학적인 효과에 대한 총체적인 분석을 제시하여야 한다. 영향평가에서는 검토되는 조치로 혜택을 누리는 자 및 이 조치와 직접 또는 간접으로 이해관계가 있는 모든 자를 자연인이든 법인이든, 공법인이든 사법인이든 명시하여야 한다. 미시경제학적이고 거시경제학적인 효과에 대한 분석은 법안으로 인한 비용을 평가할 수 있는 자료와 기업 등에 관한 행정규제를 포함하여야 한다. 또한, 문제규정의 경쟁에 대한 영향을 측정하여야 한다. 또한, 제안된 조치의 일자리에 대한 직접적 또는 간접적 영향이 평가되어야 한다.

④ 예산상 영향의 분석은 다음과 같이 행해진다. 입법평가에서는 새로운 규정의 국가뿐만 아니라 지방자치단체, 공공시설법인, 공기업 또는 사회보장회계에 대한 예산상의 영향을 구체적으로 제시하여야 한다. 예견되는 비용부담 및 경제성에 대한 다년간의 전망이

법령안의 시행일정에 따라 제시되어야 한다. 비용과 편익을 비교하는 비용편익분석이 행해져야 한다.

입법영향평가는 입법목적을 효과적으로 달성할 수 있도록 입법자를 지원하는 제도이다. 국회의원이 입법영향평가가 입법권을 제약하는 것으로 오해하여 입법영향평가제도의 도입을 반대한다는 말도 있는데, 입법영향평가는 입법권을 제한하거나 대체하는 것이 아니라, 입법자가 입법에 관한 결정을 잘 할 수 있도록 입법결정을 지원하는 제도이다. 또한 입법영향평가는 입법을 명확하게 하는 등 입법의 질을 높이고, 법령의 증가를 막는 기능을 수행한다.

입법영향평가는 평가자의 전문성을 요구하고 있고, 행정부담을 초래하고, 그로 인한 입법의 지체, 왜곡된 입법의 정당화 및 대안논의의 무력화 등 역기능 내지는 부작용도 갖고 있다. 사전평가인 입법영향평가는 입법규제적인 성격을 갖기도 한다. 그리하여 외국의 선진사례에서 보듯이 입법영향평가제도를 여건의 조성없이 성급하게 도입하는 경우 이 제도가 형식적으로 운영되고, 입법을 지체시키는 부작용을 초래할 수 있다. 현재 시행되고 있는 규제영향분석이 형식적으로 행해지고 있다는 것은 공지의 사실이다.

이러한 점을 고려하여 입법영향평가제도를 도입함에 있어서는 우리나라의 실정에 맞는 제도로 도입하여야 하며 여건의 마련과 병행하여 단계적으로 도입하여야 한다. 입법영향평가제도의 역기능과 부작용을 최소화하고 그 순기능을 최대화하기 위하여 철저한 연구와 준비가 선행되어야 한다.

입법영향평가는 일반적으로 입법의 전 과정에 따라 각각 사전평가, 병행평가, 사후평가로 구분되어 각각 독립된 평가기준에 따라 수행된다. 입법영향평가의 핵심은 사전 및 병행평가에 있다. 또한, 입법기관의 능력에는 한계가 있다. 따라서 사전평가와 병행평가를 우선 도입하고 사후평가는 사전 및 병행평가 정착 후로 미루는 것이 타당하다. 사후평가의 경우 제·개정된 법령의 잘못을 지적하는 것으로 오해하는 인식이 국회의원 등 입법관련기관에 있는 것이 현실이고, 우리나라의 경우 잘못을 지적하는 것에 저항감이 있으므로 사후평가 중심으로 입법영향평가제도를 도입하는 경우 입법영향평가제도의 도입에 어려움이 있게 될 것이다. 그러므로 사후평가의 도입에는 신중할 필요가 있다. 우선 사후평가를 제한적으로 도입하는 것이 타당하다. 즉 법령을 샘플링하여 사후평가를 실시함으로써 사전 및 병행평가가 제대로 시행되는지를 측정하고, 사전 및 병행평가제도의 개선에 참고자료로 사용할 수 있을 것이다.

또한 기존의 개별영향평가의 중복을 해결하면서 기존의 여러 개별영향평가를 존치시키되, 현재 실시되고 있지 않는 법적 영향평가를 추가하고, 이들 여러 개별영향평가를 입법영향평가총괄기관이 총괄하는 방식을 우선 도입하고, 점차 여러 개별입법영향평가를 통합하여 가도록 하는 방안이 보다 현실적인 방안이 될 것이다.

06

입법이유제도의 미흡과 개선방안

법령의 제·개정안에는 입법이유가 붙여지고 있다. 입법이유는 법규정의 의미, 적용범위 및 효력을 명확히 해주어 입법심사자 및 입법자의 정확한 결정을 돕는 기능을 한다. 또한 입법 후 시행과정에서 법규정의 해석에 논란이 있는 경우 입법이유는 입법자의 의사를 분명히 해주어 법규정을 해석하는 데 기초자료가 된다.

현재 입법이유는 원칙상 조문별로 입법이유가 붙여지는 선진외국에서와 달리 제정안 또는 개정안 전체에 대하여 개괄적으로 붙여지고 있고, 조문별로 붙여지는 경우는 거의 없다. 통상 법령은 조문별로 독립하여 적용되는데, 조문별 입법이유가 없어 조문을 해석하여 적용하는 데 큰 어려움을 야기하는 경우가 적지 않다. 또한 입법이유의 내용은 개정의 목적과 주요 개정내용의 제시에만 그치고 있어 명실상부한 입법이유가 붙여지고 있다고 보기 어렵다. 이와 같은 현행의 입법이유제도는 입법이유제도의 기능을 충실하게 수행하기에 매우 미흡하다.

최근 한국방송공사 사장의 해임과 관련하여 2000년 방송법 제15조의 개정에서의 입법자의 의사가 대통령에게 한국방송공사 사장의 임명권만 부여한 것인지 아니면 임명권과 함께 해임권도 부여한 것인지에 관하여 논란이 있었다. 즉, 2000년 방송법 제정으로 흡수폐지되기 전 한국방송공사법 제15조 제1항은 "사장은 이사회의 제청으로 대통령이 임면한다."라고 규정하고 있었고, 2000년 방송법에 의해 "사장은 이사회의 제청으로 대통령이 임명한다."라고 개정되었는데, 그 개정이유는 전혀 언급되어 있지 않아 입법자의 개정의사에 관하여 논란이 제기되었다. 즉, 임명권자는 당연히 해임권도 갖는다는 논리와 개정 전에는 "임면권"이라 규정하던 것을 "임명권"이라고 개정하였기 때문에 해임권은 없다는 논리가 대립하고 있다. 한국방송공사의 독립성을 보장하기 위하여 해임권을 인정하지 않기 위해 그렇게 개정한 것이라는 말도 있지만, 개정관련 서류에 기재된 것이 아니므로 공식적인 것은 아니다. 이 사례에서 개정이유를 붙였다면 입법자의 의사를 보다 명확히 알 수 있었을 것이다.

2011년 7월 1일 개정되기 전의 「국토의 계획 및 이용에 관한 법률 시행령」 제71조 제1항 제19호 및 별표 20 제1호 차목2에 따르면 계획관리지역(도시지역으로의 편입이 예상되는 지역이나 자연환경을 고려하여 제한적인 이용·개발을 하려는 지역으로서 계획적·체계적인 관리가 필요한 지역) 안에서 "물·용제류 등 액체성 물질을 사용하지 아니하거나 제품의 성분이 용해·용출되지 아니하는 고체성 화학제품제조시설"을 제외한 화학제품제조시설(석유정제시설을 포함함)의 입지를 제한하고 있었는데, 국어문법상 해석하면 물·용제류 등 액체성 물질을 사용하지 않는 화학제품제조시설 또는 제품의 성분이 용해·용출되지 않는 고체성 화학제품제조시설은 어느 것이나 설치가 가능하다고 해석해야 하지만, 자연환경보호 등 입법취지에 비추어 이렇게 해석하는 것이 타당한지에 관하여 1995년 이래 논란이 있었다. 법규정의 문언대로 물·용제류 등 액체성 물질을 사용하지 않는 화학제품제조시설 또는 제품의 성분이 용해·용출되지 않는 고체성 화학제품제조시설은 어느 것이나 설치가 가능하다고 해석하면 환경보호상 문제가 있는 시설(예, 제품의 성분이 용해·용출되지 않는 고체성 화학제품제조시설이지만, 유해한 액체성 물질을 사용하는 시설)이 계획관리지역에 설치될 우려도 없지 않다. 2011년 7월 11일 해석상의 논란의 여지를 없애기 위해 문제의 법규정을 개정하여 "물·용제류 등 액체성 물질을 사용하지 아니하고 제품의 성분이 용해·용출되지 아니하는 고체성 화학제품제조시설"만을 계획관리지역에 설치가능한 것으로 개정하였다. 그러나, 이 규정은 의미는 명확하지만 과도한 규제가 아닌지 의문이 든다. 냉각수로 물을 사용하지만, 제품의 성분이 용해·용출되지 아니하는 고체성 화학제품제조시설 중 유해물질의 배출의 우려가 없는 경우(예, 플라스틱 제조공장)도 있을 수 있고, 이 경우에는 그 설치를 인정하여도 입법취지상 문제가 없다고 볼 수 있다. 특히 계획관리지역은 관리지역 중 개발가능성이 있는 지역으로서 자연환경보호의 필요가 가장 약한 경우이다. 만일 조문별 입법이유를 붙이는 제도가 있었다면 잘못된 입법이 되지 않았을 뿐만 아니라 지금과 같이 과도하게 입지를 제한하는 규정이 아닌 자연환경보전과 재산권 및 기업활동을 조화시키는 합리적인 규정을 입법하였을 것이고, 법령의 해석에 관하여도 논란의 여지를 없앨 수 있을 것이다.

관광진흥법 및 동법 시행령은 일반주거지역에 관광숙박시설의 설치를 인정하면서 관광숙박시설 각 부분의 높이는 그 부분으로부터 그 건물의 채광을 위하여 설치하는 창이나 문이 향하는 방향으로 인접된 대지의 경계선까지의 수평거리의 두 배를 초과하지 아니할 것으로 규정하고 있는데, 관광숙박시설의 창이나 문이 비스듬하게 설치되어 있는 경우에 인접된 대지의 경계선까지의 수평거리를 산정함에 있어 법규정의 문언 및 관광진흥의 입법취지에 따라 창이나 문이 향하는 방향으로 인접한 대지 경계선까지의 거리를 재어야 하는지 아니면 주거환경의 보호라는 입법취지에 따라 창이나 문이 있는 벽면에서 직각 방향으로 산정해야 하는지가 다투어질 수 있다. 전자가 후자보다 관광숙박시설의 높이가 더 높을 수 있다. 관광숙박시설의 높이에 비례하여 인접 대지와 일정한 거리를 띄우도록 한 취지가 인근 주거시설의 사생활을 보호하기 위한 것이라면 전자의 해석을 취해야 하고, 인근 주거시설의 채광이나 일조를 보호하기 위한 것이라면 후자의 해석을 취하는 것이 타당하다. 법조문의 이유를 제시하도록 하였다면 이러한 법해석상의 혼란은 없었을 것이고, 법조문의 이유가 만일 법규정의 취지가 인근 주거시설의 채광이나 일조를 보호하기 위한 것이라는 것을 알았다면 현재의 법규정과 같이 "창이나 문이 향하는 방향으로"라고 규정하지 않고, "창이나 문이 있는 벽면에서 직각 방향으로"라고 규정하였을 것이다.

다음과 같이 입법이유가 충실히 제시되도록 입법이유제도를 개선할 필요가 있다. 입법이유서에는 법령안의 제출이유, 입법정신 및 목적, 기존법령에 대한 변경의 이유가 기재되어야 한다. 입법이유서는 크게 두 부분으로 나눌 수가 있다. 한 부분은 법령안이 제출된 배경(역사적, 국제적, 경제적, 사회적, 법적 등)과 입법의 주된 목적을 제시한다. 다른 부분은 원칙상 조문별로 개정이유를 제시하는 것이다. 다만, 법령안의 조문이 매우 긴 경우에는 장별로 입법이유를 제시하도록 할 수 있을 것이다. 이 경우에도 중요한 조문에 대하여는 조문별 이유를 제시하도록 하여야 할 것이다. 조문의 제정 또는 개정의 이유를 가능한 한 구체적으로 제시하고, 법조문의 내용을 간단히 요약하여 제시하여야 한다. 개정의 경우에는 종전 규정의 문제점을 지적하고, 개정의 필요성을 제시하여야 한다. 개정이유서는 개정된 규정의 해석자료가 된다는 점을 명심하여 규정의 해석에 도움을 줄 수 있는 사항이 구체적으로 기술되어야 한다. 법령안에 대해 수정안을 제시하는 경우에도 조문별로 제출하고 이 경우 간단하게 수정이유를 제시하도록 하여야 한다. 조문별 이유제시는 조문별 입법심사가 실효성 있게 행해지기 위하여도 필요하다.

법제처는 개정이유의 모델을 만들어 제시하고, 입법이유서 작성 방법에 관하여 각 부처의 입법담당공무원을 교육하도록 하여야 한다. 그리고 입법이유서는 현재와 같이 법제처의 법령정보시스템을 통하여 공개하도록 하여야 한다.

더 나아가 모든 법령에는 입법안의 작성부터 입법의 채택에 이르기까지 입법의 과정을 보여주는 자료를 부록으로 첨부하거나 별도 자료로 발간하도록 하여야 할 것이다.

07

입법청원과 입법로비

국민은 헌법 제26조 및 청원법에 따라 국회에 입법청원을 할 수 있다. 이익단체도 입법청원을 할 수 있다. 입법청원에 대하여는 이를 심사하여 그 심사결과를 통지해주도록 하고 있다.

입법청원과 구별되는 것이 입법로비이다. 로비(lobby)라는 용어는 미국에서 온 말인데, 이익단체의 이익을 위해 의회에서 입법을 촉진하거나 저지하고 또한 거기에 소용되는 영향력을 행사하는 원외 운동을 말한다. 입법로비가 청원법상의 입법청원과 다른 것은 입법청원은 단순한 입법제안이고 입법요청행위이며 공개적으로 행해지지만, 입법로비는 친분관계나 전문지식을 이용한 적극적인 설득작업이 포함되고 비공개적으로 행해질 수 있는 점이 다르다. 미국의 경우 입법로비는 청원권으로부터 나오는 것으로 본다.

> 로비는 원래 의회(議會)의 대합실·면회실을 뜻하는 말인데, 로비스트(lobbyist)는 특정한 집단이나 국가 및 지역의 이익을 위하여 의원을 상대로 영향력을 행사하는 전문가를 말한다. 기업, 민간단체, 외국 정부 등의 대리인으로서 의안의 저지 및 통과, 원조의 증액이나 획득 등을 위해 의원이나 의원 보좌관을 상대로 활동한다. 미국의 경우에는, 연방의회를 중심으로 활동 중인 로비스트는 약 5천여 명에 달한다. 이들 로비스트의 면면을 보면 전직 정부 고관, 전직 의원, 변호사 자격을 가진 사람 등 정부 당국과 밀접한 관계를 가지고 있는 사람들이 많다. 이들의 영향력은 상상 외로 대단한데 때로는 독직의 온상이라는 비난과 부당한 압력 행사도 많다는 비판을 받기도 한다(위키피디아).

우리나라에서도 미국에서처럼 입법로비를 합법화하자는 주장이 있었고, 입법자문사라는 입법로비스트를 자격증화하는 법안이 만들어진 적이 있었다. 입법자문사는 전문적인 입법로비스트로 그를 고용하는 개인 또는 단체를 위하여 입법부에 합법적으로 영향력을 행사하는 것을 업으로 하는 사람을 말한다.

미국에서 주장되는 입법로비의 정당성은 다음과 같다. 법이라는 것이 충돌되는 이익을 조정하는 것이므로 부당한 대우를 받고 있는 국민 또는 이익단체가 이의 시정을 요청하는 것은 정당한 것이다. 입법로비는 다른 이익단체의 부당한 법개정작업을 저지하는 기능도 하고, 소외되기 쉬운 소수자의 이익을 대변하고 다수자의 횡포로부터 보호하기 위한 기능도 갖는다. 또한 입법의 문제 및 필요성을 가장 잘 아는 이익단체로부터 의견을 듣는 것은 입법의 현실에 관한 정보를 입수하는 수단도 될 수 있다. 그렇지만 우리나라의 현실이 미국과 같지 않기 때문에 입법로비를 인정하는 것에는 신중을 기해야 한다. 그 이유는 로비를 한 단체에 치우친 입법이 될 수 있는 가능성이 있기 때문이다. 그 결과 다른 이해관계인의 이익이 침해되고 공익이 훼손되는 편파적인 입법이 될 수 있다. 우리나라와 같이 연고주의가 강하고, 부정부패가 퍼져있는 상황하에서는 입법로비의 폐해가 훨씬 클 수 있다.

입법로비에 관한 법이 없는 지금도 실질적으로 입법로비는 행해지고 있다. 기업협회, 직업별협회 등 이익단체는 단체의 이익을 위해 입법로비를 하고 있다. 그리고 입법로비가 부패로 이어지고 있다. 부패는 은밀히 이루어지기 때문에 잘 드러나지 않지만 적지 않은 부패가 있을 것으로 추정된다.

> 최근의 가장 대표적인 예가 청목회(전국청원경찰친목협의회)의 부정한 입법로비이다. 청목회사건은 청목회의 부정한 입법로비가 있은 후 청원경찰법이 청원경찰에 유리하게 개정된 사건이다. 검찰에 따르면 국회의원 33명이 2009년 말 청원경찰법 개정로비를 벌인 전국청원경찰친목협의회(청목

회)로부터 총 2억 7,000만원의 후원금을 받았다. 1,000만원 이상 받은 의원이 10여 명이고, 최고 5,000만원을 받은 의원도 있다. 의원들에게 로비하기 위해 청목회는 회원 1만여 명 중 5,000여 명에게서 8억원을 모았고, 이 가운데 2억 7,000만원을 청원경찰이나 그들 가족 1,000여 명 명의로 쪼개서 후원금으로 냈다. 청원경찰법 개정안은 2009년 12월 국회를 통과, 2010년 7월부터 시행에 들어갔는데, 청원경찰의 정년은 59세에서 60세로 연장됐고, 그동안 순경 수준이던 연봉은 재직기간 15년 미만은 순경, 15~30년은 경장, 30년 이상은 경사 수준으로 올라갔다(조선일보 사설 참조). 사회적 약자인 청원경찰의 대우를 개선하기 위한 타당한 법개정이라는 주장도 있지만, 불법후원금을 받은 후 법개정이 되었다는 것이 문제이다.

입법로비를 합법화하는 것이 어려운 현실을 감안하여 입법청원제를 강화하고 활성화하는 방향으로 청원법을 개정하는 방안을 마련하여야 한다. 입법청원시 전문가의 의견을 첨부할 수 있도록 명문으로 규정하고, 청원에 대한 심사결과만을 통보하는 것이 아니라 그 이유도 구체적으로 제시하도록 하여야 할 것이다. 입법이 청원된 경우 입법자는 다른 이해관계인의 이익과 공익을 함께 고려하여 특정 이익에 치우치지 않는 입법을 하도록 하여야 한다. 입법으로 국가의 예산이 절감되거나 문제가 있는 법령이 개선되거나 공익을 크게 증진하는 결과를 가져온 우수한 입법제안에 대하여는 입법장려금을 지급하는 인센티브제도를 도입할 필요가 있다.

08

입법지원조직의 미흡

입법의 전문성 제고에서 핵심적인 것은 입법전문가의 확보이다. 입법전문가는 입법에 직접 참여하는 좁은 의미의 입법전문가와 입법을 지원하는 외부의 전문가를 포함한다. 입법전문가에는 법령안을 만드는 전문가와 법령안을 심사하는 전문가가 있다.

정부의 경우 법제처가 오랜 기간 입법심사를 담당하여 왔기 때문에 입법심사의 전문성은 상당한 수준에 올라 있다고 할 수 있다. 그러나 법령안 입안자의 전문성은 크게 뒤지는 상황이다. 각 부처에 법무담당관실이 있지만 법무담당관은 법령안 작성에는 거의 참여하지 않으며 법령집행의 주무과에서 법령안을 작성하고 있다. 그런데 각 주무과에는 입법전문가가 거의 없는 것이 현실이다. 그 이유는 행정고시과목에 법학과목이 상대적으로 적어 법학전공자인 행정고시 합격자가 매우 적고, 순환보직에 따라 법령안작성전문가가 양성되고 있지 못하기 때문이다. 법학전공자가 행정고시에 상당부분 합격할 수 있도록 하거나 법학박사가 특채되도록 하여 법률전문가가 법안작성업무를 수행할 수 있게 할 필요가 있다. 공무원 교육에 법학교육, 특히 입법교육을 강화하고, 입법교육도 실습을 중심으로 행하도록 하여야 한다. 입법심사기관의 공무원과 입법안작성기관의 공무원을 상호 교류할 필요가 있다. 입법심사기관의 공무원이 일정기간 행정각부에 근무하면서 그 분야의 행정업무에 관한 전문성을 쌓을 수 있도록 하고, 역으로 입법안 작성을 담당하는 행정각부의 공무원을 입법심사기관인 법제처에서 근무하도록 하여 입법업무에 관한 전문성을 쌓도록 할 필요가 있다.

국회에는 입법지원기구로 위원회, 전문위원실, 법제실, 입법조사처가 있다. 그런데 이들 입법지원기구의 역할이 일부 중복되는 측면이 있다. 또한 국회의원마다 7명의 보좌관이 있지만, 입법능력이 매우 낮다. 의원보좌관은 본업인 입법지원 보다는 의원비서업무, 선거구관리, 정보수집업무 등을 주된 업무로 하고 있는 실정이다. 또한 최종적으로 입법안을 의결하는 국회의원들이 선진국의 국회의원에 비하여 입법에 관한 전문성이 부족한 것이 현실이다. 의원 보좌관수를 줄이고 국회의원의 입법지원은 법제실과 입법조사처의 지원을 받도록 하는 것이 바람직하다.

최근 입법기관에서 외부의 전문가를 활용하는 사례가 늘고 있지만, 아직은 불충분한 상황이다. 행정각부에서 법령안을 작성하는 경우에 그와 관련된 연구를 외부에 의뢰하는 경우가 있고, 법령안을 작성하는 경우 외부전문가가 참여하는 작업반을 만들어 법령안을 작성하는 경우도 있지만, 아직 보편화된 것은 아니다. 법제처의 경우에는 입법전문가가 충분한 이유도 있지만 입법심사에 외부의 전문가를 참여시키는 예는 거의 없다. 국회에서 중요한 법률의 제·개정에 있어서는 외부전문가가 참여하는 입법자문위원회를 구성하여 입법지원을 받을 필요가 있다. 국회법 제43조는 "위원회는 그 의결로 중요한 안건 또는 전문지식을 요하는 안건의 심사와 관련하여 필요한 경우 당해 안건에 관하여 학식과 경험이 있는 3인 이내의 전문가를 심사보조자로 위촉할 수 있다."라고 규정하고 있는데, 이 제도의 활용은 크지 않다. 외부전문가로 입법지원위원을 임명하고, 입법지원위원 개인에게 입법안에 대한 자문을 요청하는 경우도 있지만, 개인에 대한 단발적인 자문이라는 한계가 있다.

입법전문가를 양성하는 교육프로그램도 부족한 점이 많다. 학계에서 입법학이 관심을 갖기 시작한 것은 최근의 일이고 아직 입법전문가인 학자가 많지 않다. 행정부내에서 법제관을 통한 입법교육이 행해지고는 있지만, 심도 있고 실무적이며 구체적인 교육이 되고 있다고 할 수는 없다. 공무원 교육에서 입법교육이 차지하는 시간도 매우 적다. 국회의원 보좌관의 입법능력이 매우 낮고, 국회의원의 입법전문성을 제고하기 위한 교육프로그램도 거의 없다.

또한 국회의 입법자원, 행정부 내의 입법자원 및 외부의 입법자원 사이에 상호 협력관계가 제대로 구축되어 있지 못하다. 과거 입법전문가는 주로 행정부 내에 있었지만, 최근 국회의 입법전문가가 늘고 있다. 그리하여 국회의 입법지원조직과 행정부의 입법지원조직간의 긴장관계도 형성되고 있다. 행정부 내의 입법지원조직과 국회의 입법지원조직 사이의 역할 분담과 상호 협력이 잘 되도록 하여야 한다.

09

조약의 국내법적 효력 – 일원론과 상호주의 원칙의 도입

조약은 기본적으로 국가간의 의무를 정하는 것이지만, 조약은 국내법적으로 효력을 갖고 그 이행을 위해서 조약당사국은 입법조치 또는 행정조치를 취해야 하므로 조약은 국내법질서 및 국내에서의 공법적·사법적 활동에 영향을 미친다.

원칙상 조약의 시행은 조약당사국의 책임에 속하며 어떠한 방식으로 조약을 시행할 것인지는 조약당사국의 주권에 속하는 것으로 당사국의 국내법에 위임되어 있는 것으로 보는 것이 일반적 견해이다. 조약의 시행방법에 관한 세계 각국의 입장은 매우 다양한데, 그 입장을 크게 일원론과 이원론이라는 두 입장으로 구분할 수 있다.

일원론이라 함은 조약은 별도의 입법조치 없이 국내법적 효력을 갖는 것으로 보는 입법례이다. 영국을 제외한 유럽의 국가들은 일반적으로 일원론을 취하고 있다. 다만 일원론을 취하는 경우에도 그 구체적 내용이 있어서는 매우 다양한 입법례가 존재한다. 이원론은 조약의 국내법상 시행을 위한 별도의 입법조치를 통하여 조약을 국내법상 시행하는 입법례이다. 조약 그 자체는 국내법상 효력이 없고 조약의 시행을 위한 법률을 통하여서만 시행되는 것이다. 영국이 가장 대표적인 나라이다.

미국에서 광의의 조약(국제법상 의미의 조약)은 네 종류를 포함한다. 엄밀한 의미의 조약(treaties), 조약이행행정협정(executive agreements pursuant to treaties), 의회행정협정(congressional-executive agreements), 단독행정협정(sole executive agreements)이 그것이다. 이 네 종류의 조약은 모두 국제법상 조약이라는 점에서는 동일하며 그 차이는 승인방법과 국내법상의 효력에 있다. 미국에서 엄격한 의미의 조약은 상원의 3분의 2 이상의 동의를 받아야 하고, 이러한 동의를 받은 엄격한 의미의 조약은 최고법(supreme law of the land)으로서의 효력을 가진다. 엄격한 의미의 조약은 연방헌법보다는 하위이지만, 연방법률과는 동위의 효력을 가지며 조약과 연방법률이 충돌하는 경우 후법 우선, 특별법 우선의 원칙이 적용된다. 단독행정협정은 대통령의 행위만에 의해 집행된다. 조약이행행정협정은 조약의 수권에 의해 조약을 보완하는 행정협정을 말한다. 의회행정협정은 조약의 체결 전 또는 후에 하원과 상원의 과반수 이상의 승인을 받아야 하는 조약을 말한다. 엄격한 의미의 조약이 아닌 조약은 그 자체는 국내법에서 효력을 갖지 못하고, 별도의 입법조치를 통하여 간접적으로 시행되는 것으로 본다. 따라서 미국은 조약의 성질에 따라 일원론 또는 이원론의 입장을 취하고 있다고 할 수 있다. 특히 규정의 문언이 국가간의 계약을 의미하고 있는 경우, 즉 당사국의 어느 일방이 특정의 행위를 할 것을 약속하고 있는 경우에는 그 조약은 의회의 입법조치를 통하여 실시되어야 한다.

이에 반하여 우리나라의 경우 헌법 제6조 제1항이 "헌법에 의하여 체결·공포된 조약과 일반적으로 승인된 국제법규는 국내법과 같은 효력을 가진다."라고 규정하고 있으므로 모든 조약은 별도의 입법조치 없이 자동적으로 국내법으로서의 효력을 가진다. 국회의 동의를 거친 조약은 법률과 동일한 효력을 갖고, 국회의 동의를 거치지 않은 조약(행정협정 등)은 대통령령과 동일한 효력을 갖는 것으로 보는 것이 일반적 견해이다.

미국에서는 조약을 자기집행적 조약(self-executing treaty)과 비자기집행적 조약(non-self-execution treaty)으로 구분한다. 자기집행적 조약은 별도의 입법조치 없이 국내에서도 시행되고 법원이 직접 적용할 수 있는 조약을 말하고, 비자기집행적 조약은 별도의 입법조치가 있어야 국내에서 시행되고 법원이 직접 적용할 수 있는 조약을 말한다. 비자기집행적 조약은 충돌되는 기존의 연방법률이나 주법률에 대하여 우선적인 효력을 갖지 못한다.

우리나라가 취하고 있는 일원론의 장점은 조약의 비준과 동시에 조약이 국내법의 효력을 갖고, 조약에 반하는 기존의 법령은 무효가 되므로 조약의 이행의무를 쉽게 이행할 수 있다는 것이다. 반면에 문제점은 그렇기 때문에 조약은 국내법질서에 예기치 못한 영향을 끼칠 수 있다. 따라서 조약을 체결할 때에는 협상단에 국내법전문가를 포함시켜야 하고 조약이 국내법 및 정부와 국민에게 미칠 영향을 사전에 분석평가하여 문제를 해결하여야 한다. 또한 일원론을 취하는 우리나라는 조약을 전부 이행하게 되지만, 조약상대국이 이원론을 취하는 경우에는 조약을 시행하는 국내법이 제정되지 않아 조약이 상대국에서 시행되지 못하는 경우가 있게 된다. 따라서 헌법을 개정하여 프랑스 헌법 제55조와 같이 "적법하게 비준되거나 승인된 조약이나 협약은 다른 당사국에 의한 그 적용을 조건으로 공포된 때로부터 법률에 우선한다."는 규정을 두어 상호주의의 원칙을 명문화하여야 할 것이다.

10

한미FTA의 국내법적 문제

한미FTA는 국내법률관계에 관한 아주 구체적인 규정을 두기도 하고, 자유무역에 관한 사항을 넘어 여러 분야에서의 행정규제에 관한 일반원칙을 규정하고 있으며 한미FTA의 이행에 관한 행정조직, 행정절차, 행정규제는 우리나라의 행정조직, 행정절차 및 행정규제에 적지 않은 영향을 미칠 수도 있기 때문에 한미FTA의 협상 및 비준과정에서 한미FTA의 국내법적 영향 및 법적 문제를 검토했어야 했다. 그럼에도 불구하고 한미FTA가 자유무역에 관한 조약이라는 이유로 주로 국제법 내지는 통상법의 관점에서 검토되었고, 국내법적 관점에서는 검토가 충실하게 행해지지 못하였다.

미국에서 한미FTA는 엄격한 의미의 조약이 아니고 의회행정협정(congressional-executive agreements)이라고 할 수 있으므로 한미FTA는 직접 미국 국내법이 되지 않고, 미국의회의 한미FTA이행법 및 미국 국내법을 통하여서만 미국 국내에서 시행된다. 특히 미국의 한미FTA이행법에서는 이행법에서 명시적으로 정한 경우를 제외하고는 한미FTA와 미합중국법이 충돌할 경우 미국의 법이 우선한다고 규정하고 있다. 이에 따라 미국합중국의 모든 법에 합치하지 않는 한미FTA의 규정이나 그 어느 규정의 적용조치는 효력을 갖지 못한다고 규정하고 있다. 또한 이행법에서 명시적으로 정한 경우를 제외하고는 한미FTA이행법은 미합중국의 어느 법도 수정하거나 변경하는 것으로 해석되어서는 안 되고 미합중국의 모든 법에 의해 수여된 기관의 권한을 제한하는 것으로 해석되어서는 안 된다고 명시하고 있다. 결국 한미FTA는 이행법에서 명시적으로 정한 경우를 제외하고는 미국 국내에서는 효력이 없고 미국의 어떠한 기관도 그에 구속되지 않는다고 규정하고 있는 것이다. 따라서 정부는 미국이 한미FTA의 이행을 위한 입법조치를 충실히 행했는지 그리고 기존의 미국 국내법 중에 한미FTA에 반하는 규정이 없는지를 항시 면밀히 검토하여야 한다.

이에 반하여 우리나라의 경우에는 국회가 무조건적으로 한미FTA를 비준동의를 하였기 때문에 한미FTA는 별도의 입법조치 없이 조건 없이 국내에서 법률과 같은 효력을 갖고, 한미FTA에 반하는 국내법령은 최소한 그 한도 내에서 무효가 된다.

그 결과 미국에 대한 국내투자자는 한미FTA에 반하는 미국법에 의한 규제를 받는 반면에, 우리나라에 대한 미국투자자는 한미FTA에 반하는 한국법의 규제를 받지 않는다는 불공정한 결과가 초래된다. 또한 한미FTA에 반하는 우리 행정기관의 처분에 대해 미국의 투자자는 이를 다투어 취소시킬 수 있는 반면에 우리 투자자는 미국 행정기관의 한미FTA에 반하는 처분의 취소를 구하는 소송을 제기할 수 없다. 이는 국제법의 원칙인 상호주의에 맞지 않는다. 지금이라도 미국에서 한미FTA를 국내법상 이행하는 한도 내에서만 우리나라에서의 한미FTA의 국내법적 효력을 갖는 것으로 하는 규정을 두어야 할 것이다.

한미FTA는 한미FTA의 이행을 감독하고 이행과 관련한 문제에 관한 양국가간의 협의를 위하여 여러 위원회를 두는 것으로 규정하고 있다. 한미FTA의 이행 전반을 담당하고 여러 분야별 특별위원회를 총괄하는 공동위원회와 분야별 특별위원회가 있다. 한미FTA의 이행에 관한 위원회는 국가기구를 초월한 국제법적 기구의 성격을 가지면서도 행정조직의 성격을 갖는다고 할 수 있다. 조약의 이행을 위한 사항을 담당하고 양국가의 공동조직인 점에서는 국제법적 조직의 성격을 갖지만, 양국가의 국가기관에 의한 한미FTA의 이행을 감독하고(supervise),[2] 국내에서 이를 위한 조사 등의 활동을 직

2 미·호주FTA에서는 점검한다(review)는 표현을 쓰고 있다. 이 이외에도 미호주공동위원회보다

접 행할 수 있는 점에서는 행정조직의 성격을 갖는다.

또한 한미FTA가 매우 광범위하게 규율하고 있고 아주 구체적인 규정을 많이 포함하고 있는 점에서 공동위원회 등의 감독이 국가의 권력구조 및 입법권, 행정권 및 사법권에 적지 않은 영향을 미칠 수 있다. 공동위원회는 이 협정의 이행을 위한 한도 내에서 입법권, 사법권 및 행정권을 가지고 있다. 공동위원회의 권한 중 FTA상의 약속을 변경하는 권한은 입법권에 속하는 것으로 볼 수 있고, 분쟁의 해결을 위한 권한은 준사법권이라 할 수 있으며 이행을 감독하고 조사를 행하고 전문가와 국민으로부터 의견을 청취하는 것은 행정권에 속한다고 할 수 있다. 그럼에도 불구하고, 공동위원회에 대한 통제장치가 거의 없는 점은 문제이다.

FTA상의 약속(commitments)도 조약의 일부인데, 이를 공동위원회가 개정하는 것이 우리 헌법에 합치하는지 의문이다. 미국의 경우에는 의회의 수권을 받아 대통령이 조약의 개정에 관한 행정협정을 체결하는 제도가 있지만, 우리나라의 경우 헌법상 국회의 동의를 받은 조약을 국회의 동의 없이 개정하도록 하는 제도가 없다. 국내입법에 있어서는 법률에서 헌법의 근거 없이도 입법권을 수권하는 것이 인정되지만, 이러한 법리를 조약에 도입하는 것은 타당하지 않다.

는 더 강하고 넓은 권한을 갖고 있는 것으로 규정하고 있는 것으로 평가할 수 있다.

국내입법의 경우 법률에 의한 입법권의 수권은 법률을 구체화하는 권한을 수권할 뿐 법률을 개정하는 권한을 수권하지는 않고, 그 수권도 구체적인 위임으로 한정되고, 입법자는 언제든지 수권을 철회하고 행정기관이 수권을 받아 제정한 명령을 폐지하고 법률로 대체할 수 있지만, 공동위원회는 조약의 일부인 약속을 개정할 수 있고, 공동위원회가 개정할 수 있는 한미FTA상의 약속은 그 범위가 상당히 넓고, 공동위원회가 개정한 것을 국회가 일방적으로 변경할 수 없다. 이러한 점에 비추어 볼 때 헌법 제60조 제1항에 속하는 사항은 그 개정을 정부에 수권할 수 없고, 반드시 의회의 비준동의를 받아야 한다고 보아야 하고, 국회의 동의를 받은 조약의 일부를 국회의 동의 없이 개정하는 것은 가능하지 아니하므로 공동위원회가 FTA상의 약속을 변경할 수 있게 규정한 한미FTA의 규정은 위헌의 소지가 있다. 따라서 미국과 호주 사이의 FTA[3]와 달리 한미FTA에는 명문의 규정은 없지만, 공동위원회에서 한미FTA상의 약속을 개정하고자 할 때에는 우리나라의 국회의 동의를 받아야 하는 것으로 해석하여야 한다.

한미FTA는 자유무역의 규제에 직접 관계있는 규정을 두면서도 자유무역과는 직접적인 관계가 없는 행정규제의 일반원칙에 관한

3 미·호주FTA는 각 당사국에 의한 필요한 법적 절차의 완료를 조건으로 한다(Subject to completion of necessary legal procedures by each party)는 규정을 두고 있지만, 한미FTA에는 이러한 규정이 없다.

규정을 적지 않은 분야에서 규정하고 있다. 한미FTA가 규정하고 있는 분야별 행정규제의 일반원칙은 앞으로의 우리나라의 행정규제의 지침이 될 것이기 때문에[4] 그 내용의 타당성에 대한 검토가 필요하다. 시장중심의 규제가 타당하기는 하지만, 공정한 경쟁이 확보되기 어려운 경우에는 정부의 직접규제가 필요한 경우도 있기 때문이다. 그리고 행정규제정책을 수립하고 입법을 함에 있어서 한미FTA상의 규제원칙을 따라야 한다고 보면 우리나라의 규제주권은 상당한 정도 제약을 받을 수 있다.

미국의 한미FTA이행법에서는 미국 연방정부나 주정부 및 지방자치단체의 협정에 위반하는 행위나 부작위에 대해 미국 법원에서 우리 투자자가 직접 다툴 수 없다고 규정하고 있다. 즉 한미FTA이행법 제102조 제(c)항은 사적 구제(private remedies)에 있어서의 협정의 효력에 관하여 미국 연방 이외의 누구도 협정에 의해 또는 그에 관한 의회의 승인에 의해 소송상 주장을 하거나 방어를 할(have any cause of action or defense) 수 없고, 어느 법률규정에 따른 어느 소송에서도 미국 연방, 주 또는 주의 정치적 하위단위(political subdivision)의 부처, 행정기관 또는 기타 기구(other instrumentality)에 의한 작위와 부작위를 그러한 작위 또는 부작위가 협정에 합치하지 않는다는 것을 이유로 다툴

4 조약 당사국은 조약을 준수해야 할 뿐만 아니라 공동위원회 또는 분야별 특별위원회를 통하여 조약의 이행을 촉진하고 이를 통하여 양당사국이 협력하는 것으로 하였기 때문에 더욱 그러하다.

수 없다. 따라서 한국의 투자자가 미국 연방정부나 주정부 및 지방자치단체의 한미FTA협정에 위반하는 행위나 부작위에 대해 다투기 위해서는 ISD(투자자국가소송제도)를 이용할 수밖에 없다. 소송제도는 법규정의 이행을 담보하는 수단으로서 법규정의 실효성을 보장하는 수단이므로 행정기관에 의한 협정위반을 소송을 통하여 다툴 수 없게 한 것은 협정의 실효성을 약화시키는 결과를 가져오므로 한미FTA이행법에서 소송을 제한하는 규정을 둔 것은 실질적으로는 협정을 수정하는 것으로 볼 여지도 있다. ISD가 공정한 분쟁해결절차인지 미국과 우리나라 사이에 있어서 불리한 분쟁해결절차인지의 여부에 관하여는 논란이 있다. 다만 국가간의 문제나 사인간의 문제가 아니라 국가기관의 공권력 행사에 관한 국가기관과 사인(개인투자자) 사이의 분쟁이 ISD의 대상이 되는 경우에는 공익에 대한 고려가 소홀히 될 수 있다. 우리나라와 같은 대륙법의 체계에서는 공익을 고려하여 행정소송에 관한 여러 특별규정을 두고 있다. 또한 공익과 관련이 있는 행정소송은 재정이나 조정에 친숙하지 않고 인정하더라도 제한적으로 인정할 수밖에 없는데, ISD소송절차는 국가와 개인을 대등한 관계로 보고, 공익에 대한 배려가 부족할 수밖에 없으며 조정이 널리 활용되는 문제가 있다.

결론적으로 말하면 한미FTA는 국가간의 의무만을 정하는 것에 그치지 않고, 국내법체계 및 행정법제도에 상당한 영향을 미치는 규정을 포함하고 있고, 헌법질서와 관련하여 문제가 될 수 있는 규정도 없지 않다. 따라서 한미FTA를 체결하는 과정에서 그리고 국회에서의 비준동의 이전에 한미FTA의 법적·행정적 영향을 조사·분석하고 대응방안을 마련한 후 한미FTA에 대해 비준동의를 했어야 옳았다. 또한, 한미FTA의 협상과정에 법제전문가 및 행정법전문가를 참여시켰어야 했다. 이러한 절차 없이 한미FTA의 협상과 비준동의가 이루어진 것은 문제이고, 그 결과 적지 않은 국내법적·행정적 문제가 제기되고 있다. 이제부터라도 한미FTA의 국내법적·행정적 문제에 대한 심도 있는 연구를 통하여 한미FTA가 우리나라의 법체계 및 행정질서에 잘 편입될 수 있도록 하고, 우리나라의 국익이 제대로 지켜지도록 하여야 할 것이다.

11

한미FTA상 간접수용의 문제

본래 수용이란 공익목적을 위해 재산권을 강제로 박탈하는 것을 말한다. 수용의 경우 보상을 하여야 하는 것은 당연한 것이다. 수용보상의 일반원칙에 관하여 우리나라나 미국이나 완전보상을 원칙으로 하고 있는 점에서는 동일하다. 그러나 미국에서의 완전보상은 기본적으로 시장가격에 의한 보상을 의미하지만, 우리나라의 경우에 완전보상은 공시지가를 기준으로 하여 산정한 보상을 말한다.

「공익사업을 위한 토지 등의 취득 및 보상에 관한 법률」(이하 '공익사업법'이라 한다)은 개발이익을 배제하기 위하여 사업인정시의 공시지가를 기준으로 하고(제70조 제4항), 지가상승률, 도매물가상승률 등을 고려하여 재결 당시의 가격을 산정하여 보상액을 결정한다. 그런데 한미FTA는 보상액을 "수용된 투자의 수용일 직전의 공정한 시장가격(fair market value)"으로 하도록 규정하고 있다. 이 규정은 우리의 공익사업법상 보상규정과 다르다는 점과 개발이익이 보상액에 포함되는 점이 문제가 된다.

또한 공익사업법은 개발이익을 보다 철저히 배제하기 위하여 공익사업의 계획 또는 시행이 공고 또는 고시됨으로 인하여 취득하여야 할 토지의 가격이 변동되었다고 인정되는 경우에는 당해 공고일 또는 고시일 전의 시점을 공시기준일로 하는 공시지가로서, 당해 토지의 가격시점 당시 공시된 공시지가 중 그 공익사업의 공고일 또는 고시일과 가장 가까운 시점에 공시된 공시지가로 한다고 규정하고 있다(제70조 제5항). 이에 반하여 한미FTA는 "수용이 보다 일찍 알려짐(become known earlier)으로써 발생한 가치의 변경만을 반영하지 않는 것"으로 규정하고 있다. 이러한 한미FTA의 규정은 개발이익의 배제에 있어서 공익사업법보다 철저하지 못하다는 점과 수용이 '무엇'보다 일찍 알려졌다는 것인지에 대한 규정이 없어 "수용이 보다 일찍 알려짐(become known earlier)"이라는 개념이 매우 모호한 개념이 되었다는 점이 문제이다. "수용이 보다 일찍 알려짐(the intended expropriation become known earlier)"이란 법상의 정상적인 수용절차 이전에 알려진 것을 의미하는 것으로 해석될 여지가 큰데, 이렇게 해석되는 경우 공익사업법에서와 비교하여 상당한 개발이익이 보상액에 포함될 수 있는 문제가 있다. 또한 이렇게 되면 미국의 투자자는 우리나라의 국민에 비하여 우월한 보호를 받게 되어 평등원칙 위반의 문제가 제기된다. 우리나라에서는 개발이익이 매우 큰 경우가 적지 않은 점을 고려할 때 경우에 따라서는 심각한 문제가 제기될 수 있다.

더욱 문제인 것은 한미FTA가 간접수용을 규정하고 있는 것이다. 한미FTA상의 간접수용은 실질적으로는 부속서(annex)에서 규정하고 있는데, 당사국의 행위 또는 일련의 행위가 명의의 공식적 이전 또는 명백한 몰수 없이 직접수용에 동등한 효과를 가지는 경우를 말하는 것으로 규정되어 있다(한미FTA 부속서 11-나). 달리 말하면 투자자가 정부(지방정부 포함)의 정책이나 규제에 의해 상당한 정도로 경제적 손해를 입으면 보상을 하여야 한다는 것이다. 이러한 한미FTA상의 간접수용은 우리나라의 간접보상(공익사업시행지 밖의 손실에 대한 보상)과는 전혀 다른 것이다.

한미FTA상의 간접수용은 미국법상의 규제적 수용[5]의 일종으로서 규제적 수용의 법리가 다소 변형되어 도입된 것이라고 할 수 있다. 미국법상 규제적 수용은 재산권의 사용에 대한 제한을 대상으로 하지만, 한미FTA상의 간접수용은 투자손실도 포함한다. 한미

5 미국법상 규제적 수용은 본래 규제로 인한 재산권의 사용제한이 엄격한 의미의 수용(재산권 박탈)으로 볼 수 있을 정도로 심한 경우에 제한적으로 인정되는 개념이고, 이러한 좁은 의미의 규제적 수용 개념은 미국 연방차원에서 채택되고 있다. 그런데, 규제적 수용의 원인인 행정규제와 보상은 기본적으로 주법에 속하는 문제로서 주마다 규제적 수용제도가 다르다. 규제적 수용제도를 입법하지 않은 주도 있고, 규제적 수용제도를 입법한 주도 있다. 규제적 수용제도를 입법한 주에서도 규제적 수용의 인정범위는 주마다 다르다.

FTA상의 투자라 함은 투자자가 직접적 또는 간접적으로 소유하거나 지배하는 모든 자산으로서, 자본 또는 그 밖의 자원의 약속, 이득 또는 이윤에 대한 기대, 또는 위험의 감수와 같은 특징을 포함하여, 투자의 특징을 가진 것을 말한다(한미FTA 제11.27조). 즉 한미FTA상의 손실보상의 대상이 되는 투자는 상당히 넓은 개념이다. 인허가도 투자의 개념에 포함된다. 인허가 등으로 발생하는 영업권의 가치, 장래 기대이익이나 지출된 비용 등은 간접수용보상의 대상이 되지만, 공익사업법상 보상의 대상이 되지 않는다.

한미FTA상의 간접수용은 다음과 같은 점에서 문제가 된다. ① 우선 간접수용은 우리나라의 보상법체계와 상당히 다르다. 우리나라의 경우에는 헌법재판소가 택한 분리이론에 따라 공익목적을 위한 재산권의 제한은 많은 경우 입법자의 입법조치가 있어야 구제될 수 있는데, 한미FTA에 의하면 별도의 입법조치 없이 보상을 하여야 한다. 또한 헌법재판소는 개발제한구역의 지정으로 지가가 하락한 것은 특별한 희생으로 보지 않고 토지소유자가 감수하여야 하는 것으로 보지만, 한미FTA에 의하면 토지가격의 하락이 상당한 정도이면 보상하여야 한다. ② 다음으로 간접수용으로 인한 손해는 규제기관이 예상할 수 없는 경우도 포함한다. 특히 투자의 기대이익은 규제를 행하는 행정기관이 알기 어렵다. ③ 또한 미국의 예에서 보듯이 개발업자가 막대한 금액의 보상금이 요구될 수 있는 간접수용 가능성을 제기하며 행정규제의 포기를 주장할 때 특히 재정 부담이 클 수밖에 없는 지방자치단체는 도시계획 등 행정규제를 포기할 수밖에 없는 결과도 초래될 것이다. 이렇게 되면 정부의 정책이나 규제는 매우 어렵게 될 가능성이 있다. 한미FTA는 다음과 같은 유보조항을 두었다. 예컨대, 조치 또는 일련의 조치가 그 목적 또는 효과에 비추어 극히 심하거나 불균형적인 때와 같은 드문 상황을 제외하고는, 공중보건, 안전, 환경 및 부동산 가격안정화(예컨대, 저소득층 주거여건을 개선하기 위한 조치를 통한)와 같은 정당한 공공복지목적(legitimate public welfare objective)을 보호하기 위하여 고안되고 적용되는 당사국의 비차별적인 규제행위는 간접수용을 구성하지 아니한다.[6] 그러나 이러한 유보는 공익목적을 위한 재산권 제한을 보장하기에는 충분하다고 할 수 없다. 상당한 정책 예를 들면 부동산가격안정화정책 이외의 부동산정책, 도로건설이나 혐오시설의 설치로 인해 재산가치가 상당히 하락한 경우 현재 보상의 대상으로 되지 않는데, 간접수용이 인정되면 보상을 하여야 한다. 청소년보호를 위한 규제와 음란물규제가 명시적으로 유보되지 않은 것도 문제이다. ④ 간접수용은 투자로 인한 기대이익, 토지가격의 하락 등도 보상의 대상이 되는 점에서 우리나라에서의 분리이론이나 경계이론을 통한 보상 보다 넓게 인정된다. 더욱이 자유무역협정상의 간접보상은 미국법상의 규제적 수용보다도 넓게 인정되는 개념이다. 또한 한미FTA는 조세부

6 보다 명확히 하기 위하여, 이 항의 "정당한 공공복지 목적"목록은 한정적이지 아니하다.

과도 예외적이기는 하지만 간접수용이 될 수 있음을 규정하고 있다(한미FTA 부속서 11－바). ⑤ 간접수용은 헌법 제23조 제3항의 공용침해로 인한 손실에 대한 보상의 범위에 들어가지 않는 것으로 보는 것이 타당하다. 간접수용에 의한 보상은 헌법 제23조 제3항의 보상을 넘는 보상으로서 그 자체가 위헌은 아니지만, 간접수용은 미국 투자자를 국내 투자자보다 보호하여 평등원칙에 위반하는 것이 아닌지 문제된다. 특히 간접수용제도를 도입하자는 미국측의 요구를 한미투자협정의 협상과정에서 받아들일 수밖에 없었던 것이 미국 투자자와 국내 투자자를 간접수용보상에서 차별하는 것의 합리적인 이유가 될 수 있는지에 관한 보다 깊이 있는 연구가 필요하다.

한미FTA에 의하면 직접수용이나 간접수용에 따른 보상은 누가 보상하여야 하는지에 관하여 규정하고 있지 않다. 한미FTA에 의하면 투자자국가소송(ISD)의 당사자는 국가만이므로 지방자치단체의 간접수용으로 인한 보상을 국가가 부담한다는 견해가 있지만, 투자자국가소송의 당사자가 국가가 된다는 것과 보상주체가 누가되는가 하는 문제는 별개의 문제이다. 투자자국가소송에서 보상이 결정되는 경우 소송제기자에 대한 보상의무자는 국가가 되겠지만, 보상을 한 국가가 지방자치단체에 구상할 수 있을지가 문제된다. 한미FTA는 국가 전체의 이익을 위한 것이고, 이를 위해 간접수용이라는 제도가 도입된 것이므로 지방자치단체에 의한 간접수용의 경우에도 국가가 보상책임을 져야 한다는 주장이 있을 수 있는 반면에 책임의 원칙 내지 보상법의 일반원리에 따르면 수용자인 지방자치단체가 보상책임을 져야 한다고 주장할 수 있다. 이 점을 명확히 하는 한미FTA이행법률을 제정하여야 할 것이다. 입법론으로는 국가와 지방자치단체가 1/2씩 보상책임을 지는 것을 생각할 수 있을 것이다.

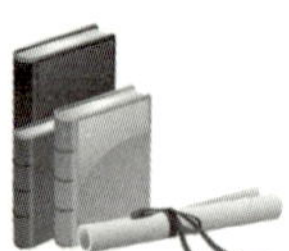

진정한 법치주의－법치주의의 허와 실 | 법에 의한 통치와 협치(協治) | 국책사업의 타당성에 대한 통제－법원에 의한 통제의 한계

PART Ⅳ

법치주의의 확립 - 선진국의 전제조건

01

진정한 법치주의 – 법치주의의 허와 실

법치주의는 자유, 평등, 정의를 실현하기 위하여 법을 만들고 국가권력이 법에 따르도록 하는 국가운영의 원리를 말한다. 법치주의는 권력자에 대한 불신을 전제로 한다. 역사를 보면 권력자는 부패하게 되어 있다. 그리하여 권력자를 법으로 통제하여 권력을 합리화하고 궁극적으로 주권자인 국민의 기본권을 보호하고자 하는 것이 법치주의이다. 법치주의는 민주주의 원칙으로부터 도출된다. 주권자인 국민의 대표기관인 국회와 국회로부터 입법권을 위임받은 기관이 법령을 정하는 것이므로 법령은 국민의 의사를 대변한다. 따라서 국가권력은 국민의 의사인 법령을 준수하여야 한다.

우리도 헌법원칙으로 법치주의를 채택하고 있다. 그런데 국가운용의 현실에서는 법치주의가 왜곡되기도 하고 훼손되기도 한다.

법치주의는 우선 국가권력을 통제하는 원칙인데, 국민에 대한 법의 준수를 강조하는 원칙으로 악용되고 있다. 권력자는 법을 지키지 않으면서 국민에 대하여 법의 준수를 요구하는 경우가 적지 않다. 아이러니하게도 독재국가에서 법치주의를 강조하는 경우가 있는데, 이는 독재자가 만든 법의 준수를 국민에게 강요함으로써 법으로 독재를 위장하고, 국민에 의한 법의 준수를 통하여 독재를 실현할 수 있기 때문이다. 민주주의국가에서 법치주의는 국가권력의 법준수를 강조한다. 어느 국가권력도 법을 준수하여야 한다. 심지어 상급기관(예, 대통령)도 하급기관(예, 장관)이 만든 법령(부령)을 준수하여야 한다.

법치주의가 실질적으로 실현되기 위하여는 국가권력이 준수하여야 하는 법이 정의로운 법이어야 한다. 그리하여 법치주의를 실질적으로 실현하기 위하여는 올바른 법, 좋은 법을 만들어야 한다. 또한 잘못된 법을 통제할 수 있는 제도(예, 위헌법률심사제도)가 제대로 작동되어야 한다. 국민에게 위법한 법령에 대한 개폐청구권을 인정하는 입법조치가 필요하다.

영국의 대처 전 수상이 우리나라를 방문하였을 때 우리나라가 선진국으로 진입하기 위하여 필요한 것은 법치주의의 확립이라고 조언한 적이 있다. 그 후로부터 십수 년이 지나도 우리나라가 명실상

부한 선진국으로 진입하지 못하고 선진국의 문턱에서 들락날락하고 있는 것은 법치주의의 미비가 그 원인은 아닌지 곱씹어봐야 한다. 법치주의는 경쟁의 공정한 룰을 만들고 법에 따라 공정한 경쟁을 하도록 하는 장치이다. 법치주의가 실현되지 않는다는 것은 부패가 있고, 특혜가 주어지고, 불공정한 경쟁이 행해진다는 것이다. 불공정경쟁하에서는 개인의 능력, 기업의 능력이 최대한 발휘될 수 없다. 능력 있는 사람이 이기는 사회가 아니라 힘 있는 사람이 이기는 사회는 선진국이 될 수 없다. 세계시장에서는 불공정이 용납되지 않고 제품이나 인력은 가격과 질에 의해서만 평가되기 때문이다. 그렇기 때문에 진정한 법치주의의 확립은 우리나라가 선진국으로 진입하여 안착하기 위한 필수요건이며 국가경쟁력 강화에 필요한 것이다.

02

법에 의한 통치와 협치(協治)

통치라 함은 주권을 기초로 국가나 국민을 다스리는 것을 말한다. 법치주의에서 통치는 통상 실정법을 통하여 행해진다. 실정법이라 함은 실질적으로 법적 구속력을 갖고 있는 법규범을 말한다. 법률, 명령 등 제정법이 기본이지만 법의 일반원칙, 관습법, 조리 등 불문법도 존재한다.

통치는 주권자의 위임을 받은 공권력에 의해 명령하고 강제하는 방식으로 행하는 것이 원칙이다. 특히 대륙법계에 속하는 우리나라의 경우에는 그러하다. 그런데, 영미국가에서는 이러한 의미의 통치와 함께 자율규제 등 거버넌스(협치=협력에 의한 통치)가 발전하였고, 오늘날 거버넌스는 대륙법계에 영향을 미치고 있고, 우리나라에 대하여도 그러하다. 협치라 함은 공권력과 공권력이 아닌 단체 또는 개인이 협력에 의해 공익에 관한 결정을 하거나, 공권력이 아닌 공익단체에 의해 규율하거나, 이해관계자 상호간의 자율규제를 행하는 것 등 협력에 의해 통치하는 것을 말한다. 우리나라에서도 자율규제, 행정지도, 민간투자협약, 행정에 대한 이해관계인의 참여 등의 방식에 의해 한국식 협치가 도입되고 있다.

최근에 거버넌스(협치)의 등장은 기존의 실정법에 의한 통치의 약점을 보완하기 위한 것이기도 하지만, 외국인투자 등 외부의 요구에 의한 것이기도 하다. 우선 기존의 실정법에 의한 통치는 다음과 같은 한계를 갖는다. 기존의 실정법은 규율대상을 일반적으로 규율하기 때문에 구체적인 경우에 부당한 결과를 가져올 수 있다. 또한 국회, 대통령, 장관 등 공권력에 의해 일방적으로 결정되므로 이해관계인인 국민의 의사가 반영되지 못할 수 있다. 기존의 통치방식인 명령강제(command and control)방식의 경우 공익목표가 분명하고 그대로만 실행된다면 목표한 바 공익을 달성할 수 있는 장점이 있지만, 상대방인 기업 등 국민이 그것을 교묘하게 준수하지 않는 경우가 적지 않고, 그러한 불준수를 단속하는 것이 매우 어렵다는 단점이 있다. 기업에 대한 경제규제와 같이 기업이 그것을 준수하지 않으면 많은 비용을 절감(?)할 수 있고, 결과적으로 그만큼 이익을 얻을 수 있는 경우에 더욱 그러하다. 또한 최근에는 기존의 실정법에 의한 규율이 곤란한 경우가 등장하고 있다. 이는 세계화, 정보화에 따라 국경이 무너지는 것과 관련이 있다. 상품이나 서비스가 국경을 넘어 자유롭게 이전되다 보니 어느 국가의 법에 의해 규율할 것인지가 문제되는 경우가 늘고 있다. 인터넷과 같이 국경을 넘어 전 지구적으로 통신이 이루어지면서 실정법에 의한 규율이 어렵게 되었다. 외국에 서버를 두고 우리나라에서 음란물을 유통시키는 경우 우리나라 실정법에 의한 규율에는 어려움이 많다. 환경과 같이 국경을 초월하여 전 지구적으로 영향을 미치고, 영향을 미치는 범위를 한정하기 어려운 경우도 있다. 환경문제와 같이 환경단체나 일반국민의 협력이 필요한 경우도 늘고 있다. 다국적기업이 늘고 있고, 다국적기업을 실정법에 의해 규율하는 것에는 어려움이 많다.

협치의 장점도 크다. 협의에 의한 규율을 하는 경우에는 이해관계인의 입장이 충분히 반영될 수 있다. 협치는 실정법의 경직성을 넘어 구체적으로 타당한 규율을 할 수 있다. 협치의 경우에는 규범준수율이 높기 때문에 실질적으로 규제효과를 달성할 수 있고, 규제비용이 절감된다. 그리고 외국의 투자기업, 특히 영미계열의 투자기업은 투자를 하면서 투자협정이나 투자계약에 의해 투자에 관한 법률문제를 규율하고자 한다. 그 이유는 그러한 방식이 그들에게 더 친숙하고, 더 유리하기 때문일 것이다.

그렇지만 협치에는 문제가 적지 않다. 특히 우리나라와 같이 협치의 전통과 경험도 없고, 협치를 위한 여건이 조성되어 있지 않은 경우에 더욱 그러하다. 우선 협치의 방식은 우리에게 친숙하지 않고 우리의 통치질서와는 매우 다른 이질적인 것이다. 따라서 협치를 받아들일 때에는 우리의 법질서와의 체계정합성(조화)을 높이는 방식으로 받아들여야 한다. 협치의 경우에는 공익의 결정이 행정주체와 이해관계인의 협상 또는 이해관계인 사이의 협상에 의해 행해지기 때문에 공익이 훼손될 수 있다. 예를 들면 FTA도 일종의 협치라고 볼 수도 있는데, 한미FTA에 의하면 우리 정부와 외국인 투자자 사이의 분쟁이 국제중재기구에 의해 해결되는 것으로 되어 있다. 중재에 의한 해결은 민사관계의 해결방식으로 행정소송에 비하여 공익에 대한 배려가 부족하다. 그리고 용인경전철사업을 민간투자사업으로 하였는데, 그에 관한 법률관계는 투자계약의 방식으로 규율하고 있고, 그에 관한 분쟁이 행정소송이 아니라 중재에 의해 해결되고 있는데, 공익에 대한 배려가 부족하다고 할 수 있다. 협치의 경우에는 협상에 의해 법률관계를 규율하기 때문에 부정부패가 개입될 여지가 있다. 우리나라에는 협치전문가가 부족하기 때문에 외국 국가기관 또는 외국기업과 관련된 협치의 경우에 우리나라의 이익이 희생될 우려가 있다.

결론적으로 말하면 협치는 분명 장점이 있다. 그리고 우리가 원하지 않아도 협치가 요구되고 있다. 이는 ISO 등 국제민간기구에 의한 규율이 행해지고 있고, 외국의 투자기업이 협치를 요구하고 있다. 따라서 협치를 받아들이되 우리나라의 방식으로 받아들일 필요가 있다. 기존의 실정법제도를 기본으로 하면서 이와 조화되는 방식으로 협치를 도입하여야 하고, 협치의 방식도 한국적이어야 한다. 입법과정에 이해관계인을 참여시키고, 협상에 의한 행정을 확대하여야 한다. 다만, 이해관계인의 참여는 투명하게 이루어져야 하고, 공정성과 공익성이 보장되도록 하여야 한다. 협치전문가를 양성하여야 한다. 협치전문가가 되기 위하여는 실정법에 대한 이해, 협상력, 협치에 관한 지식을 함께 갖고 있어야 하며 나아가 협치의 각 분야(투자, 인터넷, 환경 등)에 대한 전문지식을 함께 갖고 있어야 한다. 대학에서는 협치전문가를 양성하는 교육과정을 만들고, 국가는 이를 적극 지원하여야 한다.

03

국책사업의 타당성에 대한 통제 – 법원에 의한 통제의 한계

국책사업의 타당성에 관하여 찬반의 대립이 심한 경우 정부가 내린 국책사업의 결정을 다투는 소송이 제기되어 법원이 국책사업의 타당성을 심사하게 되는 경우가 있다. 새만금사업, 4대강사업의 경우가 그러하였다.

새만금사업의 경우 새만금사업결정의 위법이 아니라 그 무효(위법할뿐만 아니라 그 위법이 중대하고도 명백한 것)가 다투어졌고, 대법원에서 새만금사업결정의 무효를 인정하지 않았을 뿐 새만금사업결정의 적법성을 인정한 것은 아니었다. 4대강사업은 아직 대법원판례가 나오지 않았고, 하급심판결이 나왔는데, 4대강사업의 적법성을 인정한 하급심판결도 있고, 4대강사업의 위법성을 인정하면서도 사정판결(위법한 처분을 공익을 고려하여 취소하지 않는 판결)을 한 경우도 있다. 즉, 부산고등법원은 대규모 국책사업(500억원 이상)을 할 때에는 거쳐야 하는 경제성 예비타당성 조사를 4대강사업을 결정하면서 거치지 않아 위법하지만, 보 건설과 준설이 완료된 상태에서 원상회복을 한다는 것은 국가재정, 환경, 기술적 문제 등을 고려할 때 심각한 문제를 야기할 수 있다고 하면서 사업시행계획을 취소하지 않는다고 판결하였다.

그런데 주의할 것은 법원의 판결에 의해 국책사업의 적법성이 인정된 것을 국가사업의 타당성을 인정한 것으로 오해하여서는 안 된다. 그 이유는 법원이 국책사업의 위법성을 인정하기 위하여는 국책사업으로 인한 불이익이 국책사업으로 인한 이익에 비하여 훨씬 큰 경우에만 그 국책사업은 위법하다고 판단하고, 국책사업으로 인한 불이익이 국책사업으로 인한 이익에 비하여 크더라도 달리 말하면 국책사업이 타당하지 않더라도 국책사업으로 인한 불이익이 국책사업으로 인한 이익에 비하여 훨씬 크지 않으면 국책사업은 위법하지 않다고(적법하다고) 판단을 내릴 수밖에 없기 때문이다. 이는 국책사업에 대해 책임을 지는 행정청의 재량판단을 그 판단이 심히 불합리하지 않는 한 법원이 존중한 결과이다.

국책사업의 실시로 인한 이익과 불이익을 측정하고 비교하는 것은 매우 어려운 일이고 환경론자와 개발론자 사이에 견해 차이가 있을 수 있는 성질의 것이다. 그리고 국책사업이 사후에 위법하다고 판단되어도 원상을 회복하는 것은 불가능한 경우가 보통이다. 또한 다양한 이익이 대립되는 사회적 갈등은 정치적·정책적 및 행정적으로 대화와 타협, 그리고 적정한 이익의 조정을 통해 해결하는 것이 바람직하다. 주로 법적 관점에서 해결할 수밖에 없고 일도양단의 결론밖에 낼 수 없는 판결에 의해 이해관계가 복잡한 사회적 갈등을 해결하는 것은 바람직한 것은 아니다. 그렇기 때문에 대규모 국책사업을 시행하기 위하여는 환경영향평가 및 이해관계인의 의견수렴 등 적정한 행정절차를 거쳐 시행하도록 절차적 통제를 강화하여야 한다. 그리고 만일 사회적 갈등의 성격을 갖는 사건이 제기된 경우 법원은 전부승소 또는 전부패소와 같이 일도양단이 아니라 대립되는 이해관계를 적절히 조정하여 해결하는 방법을 연구하여야 한다. 조정제도, 일부취소, 위법사유를 구체적으로 적시한 취소, 사정판결(위법임을 선언하면서도 공익을 이유로 취소하지 않는 판결) 등의 활용에 관한 검토가 행해져야 한다.

국가의 경제에 대한 개입과 중소기업의 보호 | 규제완화의 허와 실 | 진보적 기술 및 새로운 사업모델의 진입장벽을 제거하자 | 인허가의제제도 | 과징금제도의 개선 | 바지사장 | 개발이익 환수와 부동산정의의 실현 | 공시지가제도 | 지하공간 사용정책 | 원자력에너지정책 | 원자력발전의 안전성 강화 | 교육정책 | 환경정책과 과학기술 | 문화와 국가권력-문화의 진흥과 규제 | 부정부패 청산방법의 모색 | 부정청탁과 정당한 민원 사이 | 공직자의 이해충돌방지법 제정 | 국가유공자제도를 바로 잡자 | 정권의 교체와 정책 변경

PART Ⅴ

국가정책

01

국가의 경제에 대한 개입과 중소기업의 보호

대한민국의 경제질서는 개인과 기업의 경제상의 자유와 창의를 존중함을 기본으로 한다(헌법 제119조 제1항). 그러나 국가는 균형 있는 국민경제의 성장 및 안정과 적정한 소득의 분배를 유지하고, 시장의 지배와 경제력의 남용을 방지하며, 경제주체간의 조화를 통한 경제의 민주화를 위하여 경제에 관한 규제와 조정을 할 수 있다(헌법 제119조 제2항). 이와 같이 헌법상 우리나라의 경제질서는 자유시장경제질서가 기본이 되면서 국가는 공공목적을 위해 필요한 경우 자유시장경제질서에 개입할 수 있다. 국가의 개입은 자유경쟁의 원리를 보장하고 사경제주체의 국민경제 담당능력의 부족을 보충하는 견지에서 그리고 사회정의의 실현을 위하여 경제에 개입할 수 있다.

우리나라의 경제질서가 무엇인가에 대하여는 사회적 시장경제질서라고 보는 것이 다수의 견해이며 헌법재판소의 입장인데, 사회적 시장경제질서라는 개념 자체가 불명확한 개념이다. 최소한 완전한 자유방임주의나 시장경제를 전적으로 부인하는 사회주의경제질서는 아니라는 점, 시장경제질서를 기본원칙으로 하면서 공공의 목적을 위하여 국가가 경제에 개입할 수 있다는 것만은 분명하다. 그러나 그 이상의 경제질서의 특정은 헌법규정상 그렇게 명확한 것은 아니다. 현행 헌법은 어떤 특정의 경제질서를 배타적으로 규정하고 있는 것은 아니며 헌법상 규정된 경제질서는 개방적인 성격을 갖는다고 보는 것이 타당하다. 국가 개입의 정도는 헌법의 테두리 안에서 입법권자와 정부의 정책적 판단에 맡겨져 있다고 보아야 할 것이다. 효율성이 중시되고 변화하는 경제상황에 신속하고 적절하게 대응하여야 하는 경제문제의 특수성에 비추어도 이러한 견해가 타당하다고 할 수 있다.

종래에는 정치질서와 경제질서를 일치시켜 자유주의국가는 시장경제질서이고, 사회주의경제는 계획경제라는 도식을 수립하는 주장도 있었다. 물론 양자가 전혀 관련이 없는 것은 아니지만 동전의 앞뒷면과 같은 일치는 없는 것이다. 자유주의국가에서도 정부가 경제계획을 세우고 공공목적상 필요한 경우에는 경제에 개입하는 것이 보편화되고 있으며, 사회주의국가에서도 시장경제를 부분적으로 도입하고 있는 것이다. 이러한 점들에 비추어 볼 때 경제질서에 관한 헌법상의 규정들은 일정한 한계를 정하면서도 국가의 경제에 대한 개입의 정도 내지는 경제질서에 대하여서는 어느 정도 개방적 입장을 취하고 있다고 보아야 할 것이다.

중소기업보호정책은 균형 있는 국민경제의 발전과 경제적 약자인 중소기업을 보호하여 대기업과의 경쟁을 실질적으로 보장하기 위하여 필요한 것이므로 합헌적인 정책이라고 할 수 있다. 대기업과 중소기업에 동일한 규제를 하는 것이 공정경쟁의 관점에서 타당하지 않은 경우에는 중소기업을 위한 규제를 완화하여야 한다. 규제행위의 동일성뿐만 아니라 규제효과의 동일성도 중요하기 때문이다. 동일한 규제로 인해 중소기업이 받는 불이익은 대기업에 비하여 상대적으로 더욱 클 수 있기 때문이다. 그렇지만, 중소기업의 보호가 무조건적으로 정당화될 수는 없다. 가능한 한 중소기업보호는 대기업과 중소기업 사이의 실질적 평등의 보장이라는 관점에서 접근하여야 한다.

중소기업의 보호를 위해 대기업의 경제활동을 규제하는 것이 타당한지가 문제된다. 대기업이 지배적 지위를 남용하여 중소기업에 대하여 불공정행위를 하는 것을 규제하는 것은 당연히 인정된다. 중소기업 또는 소기업의 고유업종을 인정하는 것은 논란의 여지가 있을 수 있다. 이와 관련하여 기업형수퍼마켓(SSM)의 규제가 문제된다. 우선 기업형수퍼마켓을 무조건적으로 금지하는 것은 자유주의 경제질서에 반한다. 그렇다고 무분별한 기업형수퍼마켓으로 인하여 기존의 소규모 수퍼마켓이 상당수 일시에 문을 닫게 되는 것도 공익상 인정할 수 없다. 기업형수퍼마켓에 관하여는 이해관계인의 의견을 수렴하고 양측의 이익을 적정하게 조정하면서도 자유시장경제질서에 맞는 해결책을 내놓아야 한다. 우선 주거지역이나 준주거지역에 대한 수퍼마켓의 설치기준을 소규모로 정하는 방안을 생각할 수 있다. 이는 기존의 수퍼마켓을 보호하기 위한 것이 아니라 주거지역의 평온한 환경을 보호하기 위한 것이고, 이는 정당한 규제사유가 된다. 이렇게 한다면 일정규모 이상의 면적을 필요로 하는 기업형수퍼마켓은 주거지역에는 설치될 수 없을 것이고, 설치된다고 하더라도 기존의 소규모 수퍼마켓이 크게 경쟁력을 잃지 않을 것이다. 기존의 소규모 수퍼마켓의 피해가 우려되는 지역에서는 소규모 수퍼마켓의 경쟁력 강화를 위한 지원을 행하고, 자구책을 강구할 수 있는 기간 동안 기업형수퍼마켓을 금지하는 방안을 취할 수 있을 것이다. 전통시장의 보호를 위해서 전통시장보호구역을 지정하고 지원을 함으로써 전통시장이 백화점이나 대형 수퍼마켓과 차별화된 경쟁력을 갖도록 하고, 전통시장보호구역에는 기업형수퍼마켓의 설치를 금지하는 정책도 권장할 만하다.

02

규제완화의 허와 실

규제란 국가가 공익목적으로 사적 부문에 개입하는 것을 말한다. 공익을 보호할 필요가 있으므로 어느 국가에서나 규제는 필요하다. 그런데 규제가 과도하면 사적 부문의 자유와 창의가 제한을 받게 되어 기업 등 사적 부문의 효율성이 떨어진다. 여기에 규제최소화 내지 규제완화의 필요가 있다.

우리나라는 국가주도의 경제발전을 이루었기 때문에 규제가 지나치게 많아졌다고 할 수 있다. 또한 관료주의의 속성상 규제는 많아지는 경향이 있다. 규제를 만드는 주체인 국가기관은 공익의 보호를 임무로 하고 있으므로 공익의 보호를 위해 규제를 만드는 경향이 있다. 공익보호를 소홀히 하고 있다는 비판을 면하기 위해서도 규제를 만들려는 경향이 있다. 공무원의 입장에서는 필요한 규제가 없는 것 보다는 다소 불필요하더라도 규제가 있는 것이 안심이 된다. 또한 규제란 행정기관의 업무를 의미하고, 행정기관의 업무확대는 고위직의 확대를 말하므로 규제가 늘어야 공무원의 권한이 많아지고 승진의 기회가 많아진다. 그렇기 때문에 관료는 규제를 강화하려고 한다. 이러한 점 때문에 규제를 완화하려고 해도 규제완화가 잘 되지 않는 것이다.

이러한 연유로 행정부처별로 규제감축의무를 부과하면서(무조건 기존규제의 일정한 비율을 완화하도록 하는 정책) 강제적인 규제완화를 시행한 적도 있다. 그렇게 한 결과 어느 정도 규제는 완화되었지만, 필요한 규제가 없어지고, 불필요한 규제는 남는 경우도 있었고, 위장된 규제완화라는 편법이 등장하였다. 규제완화에서 주로 타깃이 되는 것은 경제규제의 완화인데, 규제완화건수를 높이기 위해 경제규제완화가 아닌 환경규제, 안전규제 등 사회적 규제를 완화하는 문제가 야기되었다. 또한 위장된 규제완화가 행해졌는데, 위장된 규제완화라 함은 외형적으로는 규제완화가 된 것으로 보이지만 실질적으로는 규제완화가 되지 않는 경우를 말한다. 가장 전형적인 경우가 영업허가제를 등록제로, 허가제 또는 등록제를 신고제로 명칭을 바꾸면서 그 규제내용은 거의 바꾸지 않는 것이다. 허가나 등록의 경우에는 허가요건이나 등록요건으로 시설기준이나 인력기준 등 실질적 요건을 정하고 그 요건을 충족한 경우에 한하여 허가나 등록을 해 주고, 허가나 등록을 받지 못한 경우에는 허가요건이나 등록요건을 충족하여도 영업을 할 수 없는 것을 말한다. 이에 반하여 신고제는 형식적 요건만 신고요건으로 정하고, 신고요건만 갖추면 서류심사만으로 신고를 수리하고, 신고요건을 갖추면 신고를 수리하지 않아도 신고의 대상이 되는 행위를 적법하게 할 수 있는 것을 말한다. 그러나 신고제 중에도 시설기준 등 실질적 요건을 신고요건으로 하고 이 요건이 갖추어진 경우에도 신고수리가 거부되면 영업을 못하게 하는 '수리를 요하는 신고'가 있다. 이러한 '수리를 요하는 신고'는 말만 신고이지 실질적으로는 허가나 등록과 유사한 것이다.

행정규제를 완화하는 것은 선이고 행정규제를 강화하는 것은 악이라는 단순논리가 있는데, 이는 문제가 있다. 불필요한 규제를 도입하는 것도 문제이지만, 필요한 규제를 완화하는 것도 문제이다. 행정규제기본법에 따른 규제심사에서 규제를 강화하는 것에 대하여는 엄격한 심사를 하지만, 규제를 완화하는 것에 대한 심사제도는 없다. 규제완화가 안전, 환경보호, 소비자보호 등 공익을 심히 훼손하는 결과를 가져오는 것은 아닌지 주의를 기울여야 한다.

03

진보적 기술 및 새로운 사업모델의 진입장벽을 제거하자

새로운 기술이 개발되어도 기존의 규제에 막혀 사용되지 못하는 경우가 적지 않다. 그 이유는 기존의 기술규제가 규격화, 정형화, 획일화되어 있기 때문이다. 예를 들면, 건축자재의 화재에 대한 안전성을 보장하기 위하여 재질에 관하여 구체적으로 규정하는 방식은 새로이 개발한 보다 좋은 재질의 사용을 어렵게 한다. 또한, 안전성을 보장하기 위한 규격을 정하고 있는 것이 보통인데, 보다 안전성을 강화한 설계를 하여도 그러한 규격이 공식적으로 채택되기 전까지는 법에서 정하고 있는 규격에 맞지 않아 사용할 수 없게 되는 경우가 많다. 제품의 안전성을 확인하는 방법으로 시험방법을 법으로 정하여 두는 경우가 많다. 그리하여 제품의 안정성을 보다 저렴하고 정확하게 측정할 수 있는 새로운 시험방법을 개발해도 무용지물이 된다. 이러한 문제를 해결하기 위하여는 규제의 목표나 성능기준만을 정하고 그러한 규제목표나 성능기준에 맞는 기술은 모두 채택해주는 규제방식을 택할 필요가 있다. 다만, 이러한 규제방식을 채택하기 위하여는 담당공무원이 전문성을 갖추어야 하고, 구체적 기술이 법으로 정한 규제목표나 성능기준에 합치하는지 여부를 판단하는 기관을 공정성을 확보할 수 있도록 조직하고, 결정절차를 합리적이고 투명하게 해야 할 것이며 결정에 대해 불복할 수 있는 절차를 마련하여야 한다.

우리나라의 규제는 허가의 대상이 되는 사업을 특정하여 그 사업별로 허가요건 등을 일반적으로 정하고 그 허가요건에 충족하는 경우에만 허가를 내주고, 허가를 받아야만 사업을 할 수 있는 일반적인 사전규제방식을 취하고 있다. 그리하여 새로운 사업모델을 만들어 사업을 하고자 하는 경우에는 그 새로운 사업을 규율하는 법이 없기 때문에 새로운 사업의 허가요건을 규율하는 법률이 제정되기 전까지는 그러한 사업을 할 수 없는 것으로 보고 있다. 그리하여 시대의 요청에 따라 새로운 사업모델(비즈니스모델)을 개발하여도 관련 법률을 제정할 때까지는 그러한 사업을 할 수 없게 된다. 그런데 관련 법률을 만드는 것은 기존의 유사사업자의 이해와 충돌하는 면이 있기 때문에 기존의 유사사업자들의 반대에 부딪혀 관련 법률을 만드는 데 많은 시간을 요하는 경우가 많다. 새로운 사업모델은 둘 이상의 사업을 융합한 융합형사업인 경우가 많은데, 이 경우에 관련 부처가 다른 경우에는 서로 규제권을 갖기 위하여 관련 부처가 대립하는 관계로 부처합의가 쉽게 이루어지지 않아 관련 법률을 만드는 데 많은 시간이 소비된다. 대표적인 예를 들면, 통신과 방송을 결합한 인터넷디지털텔레비전방송(IPTV)을 도입하기 위해 규제기관을 정하고 관련 법을 만드는 데 수년이 걸려 세계수준의 기술을 일찍 개발해 놓고도 외국에서 보다 인터넷디지털텔레비전방송을 상당히 늦게 도입할 수밖에 없었던 경험을 갖고 있다. 이러한 상황하에서 새로운 비즈니스모델이 나온 경우에 신속하게 그러한 사업을 할 수 있도록 해 주는 새로운 규제시스템을 만들어야 한다.

이와 관련하여 다음과 같은 제안을 할 수 있을 것이다. 첫째로 새로운 사업모델이 규모가 작고 공익에 심각한 영향을 미치지 않는 경우에는 새로운 사업모델을 허가 없이 신고만으로 할 수 있도록 하고, 그러한 새로운 사업이 야기하는 문제를 관찰하면서 필요한 규제법률을 만들어가는 방안을 마련하여야 할 것이다. 둘째로 융합형사업인 경우에 융합된 사업에 관한 허가를 모두 받아 융합형사업을 할 수 있도록 하는 방안을 검토할 수 있다. 또는 융합형사업의 경우 가장 관련이 많은 사업을 규율하는 기관이 주무기관이 되고 관련 사업을 담당하는 기관이 관련 기관이 되어 협의를 거쳐 통합적으로 적용되는 법규를 정해주고, 필요한 경우에는 새로운 융합형 사업을 규율하는 새로운 법률을 제정하는 방안을 검토할 수 있다. 이러한 방안을 도입하기 위하여 새롭게 등장하는 비즈니스모델을 규율하는 특별법을 만들고, 이를 공정하게 집행할 수 있는 행정조직을 구성할 필요가 있다.

04

인허가의제제도

하나의 인허가를 받으면 다른 허가, 인가, 특허, 신고 또는 등록(이하 '인허가 등'이라 한다)을 받은 것으로 보는 것을 인허가의제제도라 한다. 하나의 사업을 시행하기 위하여 여러 인허가 등을 받아야 하는 경우에 이들 인허가 등을 모두 각각 받도록 하는 것은 민원인에게 큰 불편을 주므로 원스톱행정을 통하여 민원인의 편의를 도모하기 위하여 만들어진 제도 중의 하나가 인허가의제제도이다. 예를 들면, 건축허가를 받은 경우 「국토의 계획 및 이용에 관한 법률」 제56조의 규정에 의한 개발행위허가, 「농지법」 제36조 제1항의 규정에 의한 농지전용허가를 포함하여 13개의 인허가 등을 받은 것으로 의제하고 있다. 한 개의 인허가로 70여 개 이상의 인허가가 의제되는 경우도 있다.

판례는 신청된 주된 인허가절차만 거치면 되고 의제되는 인허가의 절차를 거칠 필요는 없다고 본다. 예를 들면 주택건설사업계획 승인을 하는 경우 중앙도시계획위원회의 의결이나 주민의 의견청취 등 절차를 거칠 필요는 없다고 보았다. 그런데 이러한 입장은 적법절차의 원칙상 문제가 있다. 따라서 주무행정기관은 의제되는 인허가절차를 모두 일일이 거칠 필요는 없지만, 중요한 절차는 거치도록 제도화할 필요가 있다.

인허가의제제도가 있는 경우에도 의제되는 모든 인허가를 한 번에 다 준비하고 받아야 하는 것은 아니다. 민원인은 필요한 인허가만을 미리 받을 수 있다고 보아야 한다. 이를 '부분인허가의제'라 한다. 부분인허가의제에서는 주된 인허가로 협의가 완료된 인허가만 의제되고 협의완료에 따라 순차적으로 해당 인허가가 의제된다.

개별법에서 '선승인후협의제'가 채택되고 있는 경우가 있다. 선승인후협의제라 함은 의제 대상 인허가에 대한 관계행정기관과의 모든 협의가 완료되기 전이라도 공익상 긴급할 필요가 있고 사업시행을 위한 중요한 사항에 대한 협의가 있은 경우에는 협의가 완료되지 않은 인허가에 대한 협의를 완료할 것을 조건으로 각종 공사 또는 사업의 시행승인이나 시행인가를 할 수 있도록 하는 제도를 말한다. '선(先)승인후(後)협의제'가 도입되면 중요 사항에 대한 협의가 있는 경우 관계행정기관과의 협의가 모두 완료되기 전이라도 사업승인이나 사업인가를 받아 그 후속절차를 진행할 수 있게 되어 관련 토지·부지의 매수 등 사업절차가 간소화될 수 있는 효과가 있다. 선승인후협의제는 협의가 완료될 것을 조건으로(협의가 완료되지 않을 것을 해제조건으로) 협의가 완료되지 않은 인허가를 포함하여 법률에 의해 의제되는 모든 인허가가 의제되는 해제조건부 인허가이다.

선승인후협의제는 협의가 완료되지 않은 경우에도 해당 인허가를 의제하는 점에 비추어 명문의 법적 근거가 필요하지만, 부분인허가의제도는 명문의 법적 근거 없이도 가능한 것으로 볼 수 있다.

인허가의제의 경우 인허가신청을 받은 기관은 의제되는 인허가기관의 의견을 들은 후 인허가를 결정하는데, 인허가의제 관계기관으로 인허가의제협의회를 구성하도록 하여 인허가요건심사가 신속하고 정확하게 행해지도록 할 필요가 있다.

05

과징금제도의 개선

과징금이라 함은 행정법규위반이나 행정법상의 의무위반으로 경제상 이익을 얻게 되는 경우에 그 위반으로 인한 경제상 이익을 박탈하기 위하여 그 이익액에 따라 행정기관이 과하는 행정상 제재금을 말한다. 행정법규위반이나 행정법상의 의무위반으로 막대한 경제적 이익을 얻는 경우에는 형벌만으로는 그 위반을 막을 수 없다. 이러한 경우에 형벌과 별도로 과징금을 부과하여 행정법규위반을 막고자 하는 것이다. 불공정행위에 부과되는 과징금이 대표적인 것이다.

현재 과징금은 기본적으로 법위반행위로 인하여 취득한 이익을 한도로 부과하는 것으로 되어 있다. 공정거래위원회의 과징금은 징벌적 성격도 갖고 있지만 기본적으로는 부당이득금의 환수라고 평가할 수 있다. 현행 「독점규제 및 공정거래에 관한 법률」 제6조는 매출액의 3% 이내, 「가맹사업거래공정화에 관한 법률」 제35조에서는 매출액의 2% 범위 내로 규정하고 있다. 그런데 밝혀지지 않은 법위반행위가 있는 경우가 적지 않기 때문에 법위반자가 이전에 동일한 법위반행위가 없었다는 것을 입증하지 못하는 한 법위반행위로 인하여 취득한 이익의 배수 또는 3배수를 과징금으로 징수하는 것으로 과징금제도를 개정하는 것을 검토하여야 한다. 한 마디로 하면 과징금이라는 제도를 통하여 사업을 하면서 불법행위를 하면 이득보다는 손해가 더 크다는 인식을 심어줄 수 있도록 과징금제도를 보완하여야 한다. 이와 관련하여 미국에서는 5배수원칙을 채택하고, 징역형을 병과하고 있는 것을 고려할 필요가 있다.

과징금은 영업정지처분에 갈음하여 부과되기도 한다. 이를 '변형된 과징금'이라 한다. 행정법규위반에 대하여 영업정지를 명하여야 하는 경우 버스운송사업에서와 같이 행정법규위반자인 사업자의 영업을 정지함으로써 시민 등이 큰 불편을 겪거나 국민경제에 적지 않은 피해를 주는 등 공익을 해할 우려가 있는 경우에 그 영업정지로 인하여 초래될 공익에 대한 침해 등의 문제를 고려하여 영업정지를 하지 않고 그 대신 그 영업으로 인한 이익을 박탈하는 과징금을 부과할 수 있도록 한 것이다. 그런데 실정법상 공익성이 크지 않은 사업에 대하여도 영업정지에 갈음하는 과징금이 도입된 경우도 적지 않은데, 이러한 과징금은 폐지하는 것이 바람직하다. 또한 영업정지를 할 것인지 과징금을 부과할 것인지 행정청의 재량에 맡겨져 있는데, 행정청의 합리적인 재량권 행사의 기준을 정해야 할 것이다. 과징금부과처분을 하지 않고 영업정지처분을 한 것이 심히 공익을 해하고, 사업자에게도 가혹한 불이익을 초래하도록 하여서는 안 되지만, 영업정지를 하여야 제재의 실효성을 기할 수 있는 경우에도 영업정지 대신 과징금부과처분을 행하는 것은 막아야 한다.

06

바지사장

바지사장이라 함은 사업자로 등록되어 있지만 실제의 사업자에게 명의를 빌려준 것이고 실제 사업을 하지 않는 사람을 가리키는 말이다.

바지사장의 문제는 실제 사업소유자가 바지사장을 내세워 사업을 하면서 온갖 불법을 다 저질러 이익을 취하고도 처벌을 회피한다는 점이다. 부정을 저지르고도 영업허가취소나 영업정지 등 제재를 피해가는 것이다. 부정휘발유를 판매하여 적발된 경우에 영업정지나 영허허가의 취소를 피하기 위하여 바지사장을 내세워 다시 영업을 하는 경우가 적지 않아 양도사업자가 부정휘발유를 판매하여 제재의 대상이 된 경우에 영업을 양도하여도 양수인에게 제재를 가할 수 있는 것으로 명문의 규정을 두고 있고, 판례는 명문의 규정이 없는 경우에도 이렇게 해석하고 있다. 그렇지만, 바지사장에 대한 규제는 많은 허점을 갖고 있다. 법규위반으로 적발된 경우에 폐업을 하고 다른 바지사장의 이름으로 사업을 계속하여 세금을 내지 않거나 영업에 대한 제재처분을 피해가는 것이다.

부동산명의신탁을 금지하는 것처럼 바지사장을 내세우는 행위 자체를 금지하고 이를 위반한 자를 처벌하도록 하여야 할 것이다.

07

개발이익 환수와 부동산정의의 실현

서울 등 대도시나 수도권에 인구가 집중되다 보니 대도시지역에 가용토지(사용할 수 있는 토지)가 부족하게 된다. 그리하여 일정한 지역은 고밀도개발을 하고 나머지지역은 개발을 제한하게 된다. 상업지역이나 주거지역은 개발이 허용되는 반면에 일정한 지역은 녹지지역 또는 개발제한구역으로 지정되어 개발이 제한된다. 인구에 비해 토지가 한정되어 있는 도시지역에서는 일정한 지역을 고밀도로 개발하는 것을 허용하면 다른 지역의 개발은 제한되게 되는 관계에 있다.

토지가 부족한 상황하에서 개발제한이 해제되어 개발이 행해지거나 저밀도에서 고밀도로 개발이 허용되는 토지의 소유자는 매우 큰 개발이익을 누리게 되고, 개발이 제한되는 토지의 소유자는 상대적 박탈감을 느끼게 된다. 그런데, 현행 법제도상 개발이익이 국가나 사회로 환원되지 못하고 개발자 내지 토지소유자에게 귀속되는 문제가 있다. 재건축의 경우 통상 종전보다 용적률을 높게 주기 때문에 재건축이익이 발생한다. 「재건축초과이익 환수에 관한 법률」은 '재건축초과이익'(재건축사업으로 인하여 정상주택가격상승분을 초과하여 당해 재건축조합 또는 조합원에 귀속되는 주택가액의 증가분으로서 법 제7조의 규정에 의하여 산정된 금액) 중 법에서 정한 일정 금액을 재건축부담금으로 환수하는 것으로 하고 있다. 「개발이익의 환수에 관한 법률」이 있어 개발이익이 일부 환수되고 있지만, 개발부담금의 부과가 법에서 정한 개발부담금 부과 대상사업으로 한정되어 있고, 환수되는 개발이익이 개발이익(부과 종료시점의 부과 대상토지의 가액－(부과 개시시점의 부과 대상토지의 가액＋부과 기간의 정상지가상승분＋개발비용))의 25%로 제한되어 있어 개발사업자가 갖는 개발이익이 엄청나게 큰 경우가 있다.

이러한 연유로 개발제한구역을 해제받거나 녹지지역을 주거지역이나 상업지역으로 변경받기 위해 그리고 고밀도화 개발을 승인받기 위해 치열하게 로비를 하고 부정부패도 마다하지 않는 것이다. 서울 서초구 양재동 화물터미널 터를 복합유통센터(파이시티)로 개발하는 사업을 인허가하는 과정에서 발생한 뇌물수수사건과 같은 부정사건이 일어날 수 있는 환경이 항시 마련되어 있는 것이다. 또한, 개발사업으로 인한 개발이익이 아닌 개발이익은 토지초과이득세법이 폐지된 현재에는 양도시 양도소득세로 일부 환수되는 이외에는 대부분이 개인에게 귀속되고 있는 문제도 있다.

이러한 연유로 부동산투기가 일어나고 개발제한 해제와 관련한 로비와 부정이 일어날 가능성이 항시 존재하고 있고 실제로 일어나고 있는 것이다. 그리고 개발이익을 누리지 못하는 국민은 상대적 박탈감을 느끼고, 공익을 위하여 개발을 제한받는 토지소유자는 그 자체로서는 정당한 제한을 받는 것이지만, 이를 수용하지 않고 불만을 갖게 되는 것이다.

이러한 문제를 근본적이고 궁극적으로 해결하기 위하여는 선진국에서 시행하고 있는 개발권제도를 우리의 실정에 맞게 도입하여야 한다. 지금부터라도 토지마다 현재의 토지의 성질과 상황에 따라 공평하게 개발권을 부여하고, 법정된 정당한 개발권을 넘는 개발로 얻은 이익은 전부 환수하여야 하고, 이러한 고밀도개발로 인하여 정당한 개발이 지나치게 제한되는 토지의 소유자에게 개발권이 제한되는 것에 비례하여 그 개발이익을 분배해 주어야 한다. 이와 같이 토지정의를 제대로 세우지 않고는 부동산투기 등 부동산문제를 제대로 해결할 수 없다.

08

공시지가제도

토지의 가격은 손실보상, 취득세, 양도소득세, 개발부담금 등의 산정에 있어서 중요한 기능을 한다. 그런데, 토지는 유일한 것이기 때문에 확정된 토지의 가격이 있을 수 없다. 행정처분의 기준이 되는 토지의 가격을 어떻게 정할 것인지에 관하여 크게 국가 등이 토지의 정상적인 거래가격을 정하는 방식과 시장가격으로 정하는 방식이 있다. 우리나라에서는 원칙적으로 공시지가로 정하고, 예외적으로 시장가격으로 정한다. 예를 들면, 통상 실제의 거래가격에 의해 양도소득세를 산정하는 것이 아니라 공시지가에 의하되 토지의 투기가 우려되는 지역에서는 실제의 거래가격으로 양도소득세를 산정하도록 하고 있다.

공시지가에는 표준공시지가와 개별공시지가가 있다. '표준지공시지가'는 「부동산가격공시 및 감정평가에 관한 법률」에서 정한 절차에 따라 국토해양부장관이 조사·평가하여 공시한 표준지의 단위면적당 가격을 말한다. 표준공시지가는 토지수용에 따른 보상금의 산정에 기준이 된다. 국토해양부장관은 전국의 토지 중 50만 필지를 표준지로 선정하여 매년 1월 1일을 기준으로 당해 토지에 대하여 통상적인 시장에서 정상적인 거래가 이루어지는 경우 성립될 가능성이 가장 높다고 인정되는 가격을 표준공시지가로 공시하고 있다. 이렇게 볼 때 공시지가는 '토지의 정상적인 거래가격'이라고 정의할 수 있고, 이러한 정의에 의하면 공시지가와 시장가격은 유사한 것으로 볼 수도 있다.

그런데 실제에 있어서 공시된 공시지가가 토지의 정상적인 거래가격에 못 미치는 경우가 적지 않다. 그 이유는 표준공시지가를 기준으로 산정되는 개별공시지가를 기초로 세금을 산정하기 때문에 표준공시지가를 일시에 올리면 세금이 급격히 올라가기 때문이다. 도시지역의 경우 공시지가는 시장가격에 접근하고 있지만, 농촌지역의 경우 아직 공시지가가 시장가격에 크게 못 미치는 경우가 많다. 정부는 공시지가를 시장가격에 가깝게 하려고 하고 있지만, 아직 그렇지 못한 지역이 적지 않은 것이다.

공시지가가 실거래가와 비교하여 너무 낮다고 비판하는 경우가 있지만, 이는 타당하지 않다. 왜냐하면 우리나라에서는 토지투기가 적지 않아 토지투기지역에서의 실거래가는 정상적인 거래가격이라고 할 수 없기 때문이다. 그 이유는 실거래가에는 개발이익과 예상되는 투기이익이 포함되어 있기 때문이다. 공시지가는 정상적인 시장가격이므로 개발이익이나 투기적인 이익은 배제하여야 한다. 따라서 공시지가의 실거래가와의 괴리율이 산술적으로 차이가 난다는 것만으로 공시지가가 불합리한 것이라거나 평등원칙에 위반하는 것으로 볼 것은 아니다. 일반적으로 개발이 제한되는 지역에서의 괴리율이 개발이 가능한 지역에서의 괴리율보다 큰 것은 정상적인 것이다. 즉 개발이 제한되는 지역의 경우에는 개발제한이 해제됨으로 인하여 예상되는 개발이익이 소유자에게 귀속되는 현행법하에서 개발이익이 실거래가에 반영되는 경우가 보통이기 때문이다.

09

지하공간 사용정책

도시인구집중률이 높아짐에 따라 도시개발이 급속히 확대되었고, 이에 따라 이용할 수 있는 토지가 줄어들고, 토지가격이 상승하여 지하공간을 이용하는 예가 늘고 있다. 현재 고층빌딩을 짓는 경우 지하 10층까지 건축하는 경우도 있다. 서울의 경우 지하철이 거미줄처럼 늘어나고 있다. 최근에는 지하고속도로, 지하고속철도를 건설하고, 지하도시를 건설하려는 정책이 제안되고 있다.

그런데 지하공간에 도로, 지하철 등 공공시설을 설치하는 경우 토지소유권과의 충돌로 사업이 지장을 받는 경우가 늘고 있다. 이와 함께 지하공간의 이용권이 토지소유자에게 속하는지, 아니면 국가에 속하는지 문제가 되고 있다. 또한 토지소유자는 어디까지 지하공간을 이용할 권리를 갖는지가 문제된다. 지하공공시설을 건설하는 경우에 보상을 하여야 하는지, 보상을 한다면 얼마를 보상액으로 지급하여야 하는지가 문제된다. 또한 지하공간을 사용하는 경우에 구분지상권을 설정하여야 하는지, 구분지상권을 등기하여야 하는지, 어떻게 등기하여야 하는지가 문제된다. 토지소유자들은 토지나 집의 가격에 나쁜 영향을 준다는 이유 등으로 구분지상권이 등기부에 기재되는 것을 꺼려 하고 있다. 이러한 문제를 해결하기 위하여는 「지하공간의 이용에 관한 법률」을 제정하여야 한다.

선진국에서는 일정한 깊이(약 40미터) 이상의 지하는 공공시설을 설치하는 경우 보상 없이 가능하도록 하는 법률이 존재한다. 그런데, 우리나라의 경우에는 이에 관한 법률이 없다. 기술의 발달로 이용할 수 있는 지하의 깊이가 점점 더 깊어지는 상황하에서 지하공간이 사적으로 개발이 된 후에 지하공간의 이용에 관한 법률을 제정하는 것은 그만큼 어려워지게 된다. 이러한 이유로 지하공간의 이용에 관한 법률을 조속히 제정하여야 한다.

민법 제212조는 "토지의 소유권은 정당한 이익이 있는 범위 내에서 토지의 상하에 미친다."라고 규정하고 있다. 문제는 소유권자에게 정당한 이익이 있는 지하가 어디까지인가 하는 것이다. 지하공간에 미치는 소유권의 범위를 민법에 맡기는 경우에는 정당한 이익이라는 기준이 모호하고, 개별소유권의 특성 및 지하공간개발기술의 발전에 따라 그 한계가 다양하게 된다는 문제가 있다. 이에 따라 공공시설을 개발하는 경우에 소유권과의 조정문제로 갈등이 많이 일어날 수 있다.

헌법 제23조는 재산권을 보호하고 있지만, 동시에 공익을 위한 재산권의 제한을 인정하고 있고 재산권의 내용과 한계는 법률로 정하는 것으로 하고 있다. 따라서 재산권의 본질적 내용을 침해하지 않는 한도 내에서 공익을 고려하여 지하에 대한 소유권의 범위를 법률로 제한하는 것은 가능하다. 소유권도 보호하여야 하지만, 지하공간의 개발이라는 공익도 실현하여야 한다. 소유권과 지하공간의 개발이라는 공익을 조화시키는 「지하공간의 이용에 관한 법률」을 조속히 제정하여야 한다. 현재와 같이 소유권이 너무 강조되는 것은 선진외국의 예를 보아도 타당하지 않다.

10

원자력에너지정책

현재 원자력에너지는 전체 발전량의 약 31%를 차지하고 있다. 현재 21기의 원자로가 가동되고 있다. 17기의 가압경수로(PWR)와 4기의 가압중수로(PHWR)가 있다. 그리고 현재 7호기가 추가로 건설 중에 있고, 4호기가 건설준비 중에 있다. 정부는 2022년까지는 원자력발전비중을 48%로 증대할 계획을 갖고 있다.

원자력발전을 택한 주된 이유는 1970년대 석유파동 이후 경제발전을 위해 안정적인 에너지원이 필요하였기 때문이다. 석유, 석탄 등 화석연료가 부족하여 화력발전을 늘리는 경우 화석연료의 수입에 따른 경제적 부담이 커지는 문제가 있었고, 화력발전의 비중이 높은 경우 석유파동이 나면 경제가 큰 타격을 받는 문제가 있었다.

그 후 1980년대 대기오염이 심각해지고, 국민의 환경에 대한 인식이 높아짐에 따라 원자력발전은 대기오염을 줄일 수 있는 환경친화적인 에너지원으로 인식되기도 하였고, 지구온난화에 따른 화석연료감축의 수단으로 인식되기도 하였다. 그리고, 최근 고유가로 원자력에너지원의 타당성은 강화되었다. 또한 최근에는 원자력시설을 수출하는 정책을 채택하였고, 실제로 아랍에미레이트에 원자력발전시설을 수출하였다.

그러던 중 후쿠시마원자력사고가 발생하였고, 이 사고는 원자력에너지정책에 큰 도전이 되었다. 원자력발전시설의 안전성에 대한 국민의 우려가 다시 제기되었다. 현재 원자력에 대한 여론은 찬성과 반대로 팽팽하게 나뉘어 있다고 할 수 있다. 현재는 원자력에 대한 우려와 기대가 교차하고 공존하는 상황이다. 2011년 12월 22일 삼척과 영덕에 새로운 원자력발전소를 건설하는 것이 잠정 결정되었지만, 현재 이에 관하여 주민의 여론은 찬반으로 나뉘어 극명하게 대립하고 있다.

이러한 상황하에서 원자력발전을 포기하여야 하는지, 원자력발전을 현행 수준으로 유지하고 추가로 원자력발전소를 건설하지 않는 것으로 할지, 아니면 원자력발전소를 추가로 건설하여 원자력발전 비중을 더 높일지에 관하여 국민의 의사통합이 요구되고 있다. 독일은 현재 가동 중인 원자력발전소는 수명이 다할 때까지 가동하되 더 이상 원자력발전소를 짓지 않고, 대체에너지를 확대하는 것으로 에너지정책을 변경하였다. 그런데 문제는 태양열발전, 풍력발전, 조력발전 등 대체에너지(재생가능한 에너지: renewable energy)가 아직 발전량이 크지 못하거나 발전비용이 원자력발전이나 화력발전에 비해 높다는 문제가 있다. 이에 대하여는 각국에서 대체에너지의 개발을 늘리고, 대체에너지기술이 발전하면 대체에너지발전비용이 저렴해질 수 있다는 반론도 있다. 그리고 원자력발전비용이 생각만큼 싸지 않다는 지적도 있다. 원자력발전비용은 원자력발전사업자가 원자력을 생산하기 위하여 드는 비용뿐만 아니라 국가가 원자력연구를 위하여 투자하는 비용, 원자력발전으로 인하여 발생하는 방사성폐기물처리비용 및 수명이 다하여 폐쇄되는 원자력발전소의 해체·처분비용을 포함하여 산정하여야 하므로 그다지 싸지 않다는 지적이다. 이에 반하여 프랑스는 원자력에너지가 80% 이상을 차지하고 있다. 최근 대량의 셰일가스가 발견되면서 이것이 각국의 에너지정책에 어떠한 영향을 미칠지 귀추가 주목되고 있다.

에너지자원이 부족한 우리나라에서 원자력발전을 당장 포기하는 것은 쉽지 않을 것이다. 우리나라에서 원자력발전은 발전비용이 싸다는 점 보다는 안정적인 에너지원이 된다는 점에 가장 큰 장점이 있다. 그리고 원자력발전과 관련하여 원자력기술이 발전되고, 원자력기술은 다양한 분야에서 사용된다는 부수적 이익도 있다. 그렇다고 하여도 원자력발전소를 너무 확대하는 것도 문제이다. 원자력발전비중이 너무 큰 경우 지진 등으로 원자력발전이 어려워지는 경우 에너지공급에 큰 차질을 주게 되고, 원자력사고에 대한 국민의 두려움이 더 커질 것이기 때문이다. 그리하여 원자력발전비중을 어느 정도로 하는 것이 적정한 것인지에 관한 정책결정이 요구된다. 개인적으로는 원자력발전은 40%가 넘지 않도록 하고, 정비 등을 고려하여 최대한 45% 이하의 선에서 민주적 절차에 의해 결정되어야 한다고 생각한다.

11

원자력발전의 안전성 강화

후쿠시마의 원자력사고는 원자력안전의 중요성을 다시 한번 절감하게 하였다. 이제부터는 원자력발전에서 원자력의 안전성을 가장 중요한 것으로 인식하여야 한다. 지금까지 우리나라에서는 다행히 심각한 원자력사고가 없었지만, 세계적으로는 심각한 원자력사고가 몇 건 있었다. 대표적인 사고는 스리마일아일랜드사고, 체르노빌사고, 후쿠시마사고이다. 미국의 스리마일아일랜드사고는 원자력작업자의 과실에 의한 인재이고, 구 소련의 체르노빌사고는 구형원자로의 기술적 결함에 의한 사고이고, 일본의 후쿠시마사고는 지진과 해일이라는 자연재해와 원자력작업자의 무능 또는 과실이 결합된 사고였다.

원자력은 기술적으로는 안전하다는 것이 일반적인 견해이다. 그러나 원자력은 자연재해, 테러, 작업자의 과실로부터도 안전하여야 한다.

후쿠시마원전사고의 교훈으로는 다음과 같은 점을 들 수 있다. ① 현재 한국의 원자력발전시설은 진도 5에 견딜 수 있게 설계되었는데, 이것이 너무 낮은 것은 아닌지 우려가 제기되고 있다. 원자력사고의 중대성에 비추어 가능성이 높지는 않다고 하지만 진도 6이나 진도 7의 지진에 대한 대비책을 마련하여야 한다. ② 사고가 중대하면 중대할수록 사고의 진실을 더 공개하도록 하는 장치를 마련하여야 한다. ③ 사고를 지휘하는 콘트롤타워(지휘부)를 명확히 하여야 한다. 현행법상 원자력안전위원회가 담당하도록 하고 있는데, 5등급 이상의 심각한 사고의 경우 대통령이 직접 담당하도록 하는 것이 타당하다. 합의제행정기관인 위원회조직으로는 긴급한 문제에 신속하게 대응할 수 없고, 위원회는 책임성이 약하며 원자력안전위원장이 심각한 원자력사고에 대한 대응책임을 지기에는 위상이 너무 낮기 때문이다. ④ 후쿠시마사고는 천재지변과 작업자의 미숙이 겹친 사고라고 볼 수도 있다. 작업자의 안전능력을 강화하여야 하고, 원자력사업자로 하여금 원자력사고에 대한 대응인력을 확보하고 훈련하도록 하여야 한다. 군인과 소방관을 사전에 훈련하여 사고시 투입하도록 하는 장치가 마련되어야 한다. ⑤ 필요시 외국전문가의 도움을 받도록 하여야 한다. 국제적 사고처리전문가의 상호

도움을 내용으로 하는 국제협약의 체결도 필요하다. ⑥ 원자력사고는 이웃국가에도 영향을 미친다. 이웃국가에 원자력사고에 관한 정보를 제공하는 것에 관한 협정을 체결할 필요가 있다. 특히 중국에서의 원자력사고는 우리나라에 중대한 영향을 미칠 수 있다.

원자력발전소를 관리하는 작업자의 과실로 사고가 일어나지 않도록 원자력작업자가 취해야 할 안전조치를 보다 강화하고 구체적으로 규정하여야 할 것이다. 고리원전에서 정품이 아닌 부품을 사용하였거나 발전기가 고장난 상태에서 원자로를 수리하였다거나 하는 작업자의 중대한 과실이 발견되었다. 또한 원자력사고를 숨기고 보고하지 않은 문제도 발견되었다. 만일 이러한 사업자나 작업자의 과실이 사고로 이어졌다면 매우 심각한 결과를 야기할 수도 있었다.

현재 법령이 아니라 '원자력이용시설의 사고·고장 발생시 보고·공개규정'이라는 내부규정(원자력안전위원회 고시 제2012-11호)에 의해 원자력시설의 고장 또는 사고를 공개하도록 규정하고 있다. 이 고시는 원자력사고의 등급으로 국제적인 공용의 사건등급(Event Scale)인 '국제원자력 사고·고장 등급(INES: International Nuclear Event Scale)'을 채택하고 있다. 이 등급은 원자력사고의 등급을 일반 국민들이 알기 쉽도록 지진의 등급에 대응하여 만든 것이다. INES는 원자력관계시설에서 발생한 사건의 중요도에 따라 1등급에서 7등급까지 등급을 분류하고 있다. 7등급은 방사성물질의 대량(수만 TBq 이상) 외부방출, 6등급은 방사성물질의 상당량(수천 TBq 이상) 외부방출, 5등급은 방사성물질의 한정적인(수백 TBq 이상) 외부방출 및 원자로 노심의 중대 손상, 4등급은 방사성물질의 소량(1mSv 이상 피폭) 외부방출 및 원자로 노심의 상당부분 손상, 3등급은 방사성물질의 극소량(0.1mSv 이상 피폭) 외부방출 및 방사성물질에 의한 소내 중대 오염, 2등급은 방사성물질에 의한 소내 상당량 오염 및 심층방어의 상당수준 열화, 1등급은 운전제한범위를 벗어남, 등급 이하는 안전상 중요하지 않은 고장을 말한다. 1~3단계는 인체에 대한 방사선 장해, 시설에 중대한 손상 또는 환경에 방사선 피해를 유발하지 않는 경우로 '고장'이라고 부르고, 등급평가 분류기준상 등급 4~7단계는 인체에 대한 방사선 장해, 시설에 중대한 손상 또는 환경에 방사선 피해를 유발하는 것으로서 '사고'라고 부르고 있다.

그런데, 지난 2012년 2월 9일 고리1호 원자로의 고장 사실이 은폐되고 공개가 지연되는 일이 발생하였다. 원자력사고의 공개에 관한 규정을 법령으로 규정하고, 원자력발전소 사고 또는 고장을 은폐하거나 그 보고를 지체한 경우에 엄한 형벌을 과하는 것으로 하는 등 사고공개제도의 실효성을 강화할 필요가 있다.

정부나 사업자가 원자력발전이 안전하다고 하여도 주권자인 국민이 이를 받아들이지 않으면 안 된다. 체르노빌사고와 후쿠시마사고 이후 원자력에 대한 두려움이 커지고 있는 상황하에서 국민의 원자력발전에 대한 두려움을 제거하기 위한 노력을 기울여야 한다. 특히 원자력은 일반인이 접근하기 어려운 기술적 사항이므로 일반인이 안전을 판단할 수 없다는 문제가 있다. 따라서 원자력시설의 설치, 관리 및 수명연장에 관하여 투명성을 강화하고 주민의 의견을 수렴하는 절차를 갖추어야 할 것이다. 원자력발전소별로 발전사업자와 관계지방자치단체 및 지역주민으로 구성되는 원자력지역협의체를 구성할 필요가 있다.

12

교육정책

교육은 국가의 발전에서 가장 중요한 자산이라고 하는데 의견의 일치를 보면서도 아직 한 번도 교육정책이 최고로 중요한 국가정책으로 채택되지는 못하였다. 실례로 대통령선거나 국회의원선거에서 교육이 점차 중요한 이슈로 부상하고는 있지만, 아직 최대이슈로 된 적이 없다. 이것은 현재의 교육제도가 문제가 없어서가 아니다. 현재의 교육제도에 큰 문제가 있다는 데에는 모두가 공감하고 있다. 그럼에도 불구하고 교육문제가 최고의 선거이슈로 되지 못하고 있는 것은 교육에 대한 국민들의 관심이 경제발전, 복지 또는 부동산문제보다 덜 하기 때문일 것이다.

교육문제의 핵심은 교육의 기회를 공정하게 제공하고, 교육의 질을 높이는 것이다. 공정한 교육기회의 제공과 관련하여 최근 이슈가 되는 것이 반값등록금문제이다. 이는 대학교육을 받고자 하는데 등록금문제로 교육을 제대로 받지 못하는 일은 없어야 한다는 것이다. 그렇다고 지금 사립대학을 포함하여 모든 대학의 등록금을 당장 반으로 줄이는 것도 넌센스이다. 등록금을 내린 만큼 국가가 대학을 더 지원할 능력이 없는 상황하에서 등록금이 반으로 줄면 대학에서 교육의 질과 연구성과가 떨어질 것은 뻔하기 때문이다.

방법은 국공립대학과 사립대학의 등록금을 차별화하는 것이다. 국공립대학은 경제적으로 어려운 사람도 일정수준 이상의 실력이 있는 한 대학교육을 받을 수 있도록 해 줄 의무가 있다. 국공립대학의 경우 교육수준을 떨어뜨리지 않으면서도 등록금은 반값으로 줄이기 위하여는 국가나 지방자치단체가 국공립대학에 대한 재정지원을 늘려야 한다. 그런데, 국가의 국공립대학에 대한 재정지원을 늘리는 데에는 한계가 있기 때문에 국공립대학의 학생수를 줄이는 방안이 신중하게 검토되어야 한다. 지금과 같이 국공립대학을 통폐합하는 정책은 지속되어야 하지만 현실에서 그것은 그렇게 쉽지는 않을 것이다. 현실적인 안으로는 국공립대학의 입학정원을 감축하고(지금 고등학교졸업자가 급격히 줄고 있기 때문에 앞으로 대학의 입학정원을 줄여야 한다), 국공립대학의 특성화정책을 통하여 대학간 통합이 아니라 둘 이상의 대학의 학과간 통폐합을 유도하는 방안을 검토할 필요가 있다. 입학정원의 감축과 함께 졸업정원을 감축하는 것도 검토하여야 한다.

국공립대학은 국가정책적으로 필요한 전공 및 인기 없는 전공이지만 국가적으로 필요한 전공을 중심으로 담당하도록 하여야 한다.

사립대학은 사립대학의 자율성을 최대한 보장하는 것이 필요하다. 사립대학의 경우 등록금도 자율화하는 방향으로 나아가는 것이 타당하다. 또는 사립대학 중 자립형 사립대학을 인정하여 등록금을 비싸게 받을 수 있게 하고 대신 국가의 재정지원은 없애는 방안도 검토해볼 수 있다. 사립대학의 등록금을 자율화해도 등록금을 무한정 올릴 수는 없을 것이다. 지금 대학입학정원에 비해 대학입학지원자수가 줄고 있기 때문에 등록금을 무한정 올릴 수는 없을 것이다. 또한, 대학재정을 투명화하여 등록금이 지출에 맞게 책정되었는지, 타당하지 않은 지출로 새나가는지를 감독하고, 이를 위반한 대학을 엄히 징계하면 등록금의 부당한 인상을 막을 수 있을 것이다. 또한 일부 사립대학의 수준을 국제적 수준으로 높여 외국으로 나가는 유학생을 국내대학으로 흡수하고, 외국으로부터의 유학생을 받아들일 수 있도록 하여야 한다.

대학교육의 질을 높이는 것이 필요하다. 대학교육의 질은 전체적인 질의 제고도 중요하지만, 현재 특히 부족한 부분을 우선적으로 보완하는 것도 중요하다. 예를 들면 현재 대학교육에서 가장 큰 문제는 전공별 전문가 또는 일반전문가 교육에 치중되어 있다는 것이다. 우선 글로벌화 및 정보화에 맞추어 고도의 전문가에 대한 수요가 커지고 있는데, 이에 대한 교육이 부족하다. 지금은 직업경쟁의 글로벌화에 따라 국내 최고의 전문가가 아니라 세계 최고의 전문가가 필요한 시대가 되었는데, 대학교육은 이를 따라가지 못하고 있다. 다음으로 복합전공전문가 내지는 문제중심의 전문가가 필요한데 이에 대한 교육프로그램이 부족하다는 점이다. 기존의 대학교육은 전공중심으로 이루어져 왔기 때문이다. 서울대학교에 융합과학기술대학원이 설립되었지만 이것은 아주 최근의 일이다. 지금 대졸취업난이 심각하다고 한다. 그러나 고도의 전문가는 매우 부족하다고 한다. 이와 같이 인력수요가 변하고 있는 것을 인식하지 못하고 있는 대학생이나 학부모들이 의외로 많다. 대학졸업만 하면 취직하는 데 큰 문제가 없었던 70·80세대는 이러한 현상을 이해하지 못하고 있다. 고도의 전문가가 부족하다는 사실을 알아도 고도의 전문가가 되기 위하여는 최소한 5년 내지 10년 이상은 투자를 하여야 하고, 이러한 장기의 투자를 하여도 고도의 전문가가 다 된다는 보장이 없다는 것이 또한 문제이다.

중고등학교 교육의 가장 큰 문제는 과도한 입시경쟁이다. 이로부터 사교육비의 문제, 입시위주의 교육으로 인한 틀에 박힌 교육 등의 문제가 나온다. 입시경쟁이 치열한 한 틀에 박힌 주입식 교육이 될 수밖에 없다. 오늘날의 교육은 창의적이고 자율적인 인재를 양성하는 교육이어야 하는데 입시위주의 교육을 하는 한 이러한 교육을 기대할 수는 없다.

교육의 결과만 볼 때 우리나라의 교육의 성과는 그다지 나쁘지 않다. 자원이 없는 나라에서 경제가 발전한 것에 교육이 크게 기여하였다는 데에 누구도 이의를 제기하지 않을 것이다. 그렇지만, 교육투자에 따른 교육성과, 즉 교육의 효율성 내지 교육생산성을 따지면 선진국에 비하여 매우 낮다고 할 수밖에 없다. 선진국에 비하여 교육의 양적 강도는 높지만 질적 수준은 매우 낮다. 가정과 학생의 희생 내지 불행을 대가로 어느 정도 교육성과를 내고 있는 것이다. 대학교육의 수월성을 높이기 위하여는 우선 대학의 특성화가 이루어져야 한다. 다음으로 대학교육을 고도의 전문교육과 일반전문교육으로, 그리고 분야별 전문가 교육과 융합형 전문가 교육으로 이원화하여야 한다.

지금의 상황과 추세를 볼 때 언젠가 교육이 최대 선거이슈가 될 것이 분명하지만, 그렇게 되기 위하여는 교육의 폐해가 지금보다 더욱 커져서 국민의 관심을 더욱 끌거나, 그 이전에 국민이 교육문제의 심각성을 깨달아야 한다.

교육문제의 해결을 위한 전제로 학벌사회가 아닌 능력사회로 나아가야 한다. 직업생활에서 혈연과 학연을 배제해야 한다. 모두가 최고가 되려는 생각을 버리고, 자기가 좋아하는 공부를 선택하는 방향으로 진로지도를 하여야 한다. 경제적으로 잘 살게 되는 것보다 행복하게 사는 것이 강조되어야 한다.

13

환경정책과 과학기술

환경정책이나 규제는 과학기술의 발전 수준과 밀접한 관계를 갖는다. 환경정책은 실현가능한 과학기술을 기초로 수립하고, 과학기술은 정책적으로 수용되고 지원되어야 제대로 발전될 수 있다. 예를 들면 시설의 안전기준이나 오염물질 배출기준은 과학기술의 수준과 경제적 요소를 고려하여 결정된다. 영국에서는 '경제적으로 지나친 비용을 요하지 않는 사용가능한 최선의 기술(BATNEEC: the best available technique not entailing excessive cost)'을 요구하고 있고, 미국에서는 '현재 사용가능한 최선의 실행가능한 통제기술(the best practicable control technology currently available)'을 기초로 수질오염물질 배출기준을 정하고 있다. 또한 도시의 공기 질을 개선하기 위하여 자동차배출기준을 현재의 기술기준이 아니라 장래의 기술개발가능성을 고려하여 연차적으로 강화하는 것으로 규정하는 경우도 있다. 이러한 규제는 자동차배출가스를 줄이는 새로운 기술을 개발하도록 촉진하는 기능을 한다. 폐기물정책에서 재활용을 우선시하여야 하는데, 폐기물의 재활용에서 가장 중요한 것은 재활용기술이다. 그리고 재활용을 용이하게 하도록 하기 위해서는 자동차, 냉장고 등의 제품을 재활용이 용이하도록 설계하고 제조하도록 하여야 한다.

안전기준은 과학기술을 전제로 한다. 그리고 제품이나 시설의 안전성을 판단함에 있어서는 판단시의 과학기술을 기초로 한다. 물질의 유해성 판단도 일차적으로는 과학적 입증에 의한다. 입법자나 행정청은 물질의 유해성 평가에 있어서 전문과학자의 도움을 받아야 한다. 그런데, 우리나라의 경우 물질의 유해성을 평가하는 과학기술자가 부족한 것이 현실이다. 유해한 물질의 수입을 금지하거나 안전기준을 강화하기 위하여는 그 위험성을 과학적으로 입증하여야 한다. 달리 말하면 유해한 물질의 위험성을 과학적으로 입증하지 못하면 유해성이 의심되는 물질이라도 그 수입을 규제할 수 없는 것이다. 다만 유전자재조합식품과 같이 중대하고 회복할 수 없는 손해를 야기할 수 있는 제품의 유해성에 관하여는 '과학적으로 합리적인 의심이 있는 정도의 유해성의 입증'만 하면 된다. 이를 사전배려원칙(precautionary principle)이라 한다. 문제는 '과학적으로 합리적인 의심이 있는 유해성의 입증'도 어려운 경우가 적지 않다는 것이다. 광우병의심 쇠고기수입도 그러하다고 할 수 있다.

이와 같이 환경이나 안전의 규제정책은 과학기술의 발전에 의존적임과 동시에 과학기술은 정책적 고려 없이는 제 기능을 발휘할 수 없다. 오늘날 과학기술적으로 가능하나 사회정책적으로는 불가능한 일이 적지 않다. 예를 들면 환경적으로 안전한 소각장의 건설이 기술적으로는 가능하지만, 님비현상이 강하고 안전성에 대한 주민의 불신이 강한 경우에는 주민의 강한 반대에 의해 소각장 건설이 불가능하게 된다. 따라서 오늘날 주민의 안전 및 건강과 관련된 시설을 설치함에 있어서는 주민의 참여를 확대하고, 시설에 관한 자료를 공개하여 주민의 이해와 수용성을 높이는 것이 매우 중요하다.

과학기술에 관한 전문적 개념을 국민에게 쉽게 설명하는 노력이 필요하다. 쓰레기 소각시 과학기술적으로 다이옥신의 발생을 인체에 해가 되지 않는 수준으로 낮추는 것이 가능하다는 것과 원자력발전소가 기술적으로 안전하다는 것을 국민에게 이해시키는 것은 그렇게 쉬운 일이 아니다. 이와 관련하여 원자력발전소 사고의 중대성을 지진의 진도에 상응하는 단계로 구분하여 공개하고 있는 것은 과학기술적인 문제를 국민에게 쉽게 설명하는 방법의 좋은 예가 된다.

법정책의 일관성을 유지하는 것이 과학기술의 발전에 있어 중요하다. 정책이 일관성 있게 추진되어야 기업에게 예측가능성을 줄 수 있고, 기업은 장래의 과학기술의 수요를 예측하여 과학기술의 개발에 적극 투자할 수 있는 것이다. 이와 달리 장래의 정책이 자주 바뀌면 과학기술의 개발에 혼란이 야기될 것이다.

결론적으로 환경을 보호하고 국민의 안전을 보장하기 위하여는 과학기술과 법정책간의 협력이 매우 중요하다. 과학자와 법정책전문가 사이의 협력도 중요하다.

14

문화와 국가권력 – 문화의 진흥과 규제

문화라 함은 인간이 형성한 지식, 지식의 산출물, 생활방식, 습관의 총체라고 정의할 수 있다. 문화는 우리 삶의 기초가 되고 터전이 된다. 우리는 또한 지금도 끊임없이 문화를 만들고 변화시키고 있다.

문화는 기본적으로 인간의 삶에 의해 자율적으로 형성되는 것이며 국가가 형성하는 것은 아니다. 그러나 문화가 인간의 삶의 문제인 점에서 국가와 무관할 수 없다. 문화는 국가와 악연을 맺기도 하고 좋은 관계를 맺기도 한다.

문화에 대한 국가의 개입은 정당화될 수 있는 것인가, 국가가 문화를 지원하여야 하는가, 문화도 법의 규율대상이 되는가하는 물음은 현실에서 문화에 대해 국가가 개입하고 규제하고 있고, 국가가 문화정책을 수행하고 있고, 문화가 법에 의해 규율되고 있는 현실을 고려할 때 시대착오적인 질문일 수도 있다. 그러나 문화와 국가, 문화와 법과의 바람직한 관계를 정립하기 위하여는 문화에 대한 국가개입의 정당성과 한계 및 문화에 대한 법적 규율의 필요성이나 문제점과 같은 근본적인 문제에 대한 재검토가 필요하다.

국가의 문화에 대한 개입은 문화를 보호하기 위하여 또는 국가의 안전과 질서를 보호하기 위하여 행해진다.

국가가 문화를 보호하여야 하는 이유는 문화가 국가정체성의 핵심을 이루기 때문이다. 문화는 다양하면서도 동질성과 통합성을 가지며 공동체의 정체성을 구성한다. 민족의 개념이 퇴색하는 오늘날에 있어 문화는 국가공동체의 존립근거가 된다. 특히 문화유산은 국가공동체의 뿌리를 이룬다. 그리하여 문화유산 등 문화의 보호가 국가의 임무 중 하나가 되고 있다. 또한 문화는 우리의 삶의 질을 구성한다. 환경이 삶의 외적 질을 높여준다면 문화는 정신에 영향을 미치는 것으로 삶의 내적 질을 향상시킨다고 할 수 있다. 문화는 인격의 형성과 정신생활의 질에 깊은 영향을 미치며 이를 통하여 국민복지에 기여한다. 헌법상 행복추구권이라는 기본권이 인정되는데, 문화는 국민의 행복에 기여한다. 헌법상 인간다운 생활을 할 권리가 기본권으로 인정되고 있는데, 이 기본권에는 최소한의 문화적인 생활을 할 권리가 포함된다. 또한 오늘날 문화는 관광자원이 되고 있다. 특히 오늘날 관광을 육성하기 위해서도 문화의 보호는 필요하다. 문화재뿐만 아니라 문화콘텐츠가 관광자원이 되고 있다. 또한 문화산업의 중요성이 커지고 있다. 이러한 점에서 공권력이 문화에 관심을 가지지 않을 수 없다.

그런데 국가에 의한 문화의 보호에서 경계할 점은 문화의 정형화이다. 문화는 인간활동에 의해 자연스럽게 형성되는 것이며 자유 속에서 창조되고 다양하게 발전하는 것이다. 국가가 문화에 개입하는 것이 문화를 정형화하여 문화의 다양성을 훼손하는 폐해를 가져올 위험성이 있으므로 이를 주의하여야 한다.

문화에 대한 국가의 개입은 주로 문화의 진흥을 위하여 행해져야 하지만, 공공질서유지를 위해 문화예술활동이 법률에 의해 규제되고 사법권 및 경찰권 행사의 대상이 되기도 한다. 헌법 제21조 제4항은 "출판은 타인의 명예나 권리 또는 공중도덕이나 사회윤리를 침해하여서는 아니 된다. 출판이 타인의 명예나 권리를 침해한 때에는 피해자는 이에 대한 피해의 배상을 청구할 수 있다."고 규정하고 있다. 문화예술활동에 대한 국가의 규제가 필요하다고 하더라도 문화·예술에 대한 국가의 규제는 최소한도에 그쳐야 한다. 문화 또는 예술의 가치에 대한 규제로 예술의 자유가 침해될 수 있다. 문화는 인간생활 전반과 관련이 있는 것으로서 정치적일 수밖에 없는데, 정치권이 정치적 성향에 배치되는 문화를 법의 이름으로 자의적으로 규제할 우려도 있다. 특히 독재국가의 경우에 그러하다. 독재권력에 의한 문화의 파괴와 예술활동의 핍박은 역사에서 흔히 있는 일이다. 독재국가가 아닌 경우에도 공권력에 의해 문화와 예술이 자의적으로 규제되는 경우가 있다.

문화는 우리의 삶의 필수요소이며 우리의 삶에 깊은 영향을 미치는 환경을 이루는 점에서 문화는 지방자치단체의 고유사무에 해당한다고 보아야 한다. 지역마다 독특한 문화가 존재하며 이에 대한 보호는 지방자치단체 차원에서 행해질 필요가 있다. 지방자치단체가 문화행정을 수행함에 있어서는 국가와 협력하고, 광역자치단체와 기초자치단체가 업무의 분담을 명확히 하고 상호 협력하여야 할 것이다.

오늘날 모든 분야에서 국가와 민간 사이에 역할의 재정립이 요구되고 있다. 문화행정분야에서도 그러하다. 특히 문화분야는 전통적으로 민간의 자율성이 크게 주장되는 분야이다. 문화행정의 전문성과 효율성을 위하여 공공단체 또는 협회 등 민간에게 문화행정업무가 위탁될 필요가 있다. 또한 국가 또는 민간의 문화행정에 대한 문화전문가 또는 문화활동가의 참여를 확대하여야 한다. 그리고 문화의 보호와 진흥을 위하여 국가와 민간이 협력하여야 한다. 문화의 보호와 진흥은 국가 등 공권력의 전유물은 아니다. 오히려 역사적으로 보면 문화의 보호에 있어 민간의 역할이 컸다. 문화보호에 기여하는 개인이나 기업 등 문예후원자인 메세나(Mecenat)는 오랜 전통을 갖고 있다. 각 개인과 기업의 문화재와 예술품의 수집·보존 및 기부는 익히 알려져 있다. 우리나라에서는 1994년 비영리 사단법인인 한국기업메세나협의회가 발족하였다. 메세나에 대한 세제 등 지원의 확대가 검토되어야 한다.

15

부정부패 청산방법의 모색

부정부패라 함은 사적 이익(자기 또는 제3자의 이익)을 위해 공직자가 권한을 부당하게 행사하거나 공직자로 하여금 그 권한을 부당하게 행사하게 하는 것이라고 할 수 있다. 부정부패행위의 유형으로는 금품수수, 이익 및 편의제공, 예산, 권한 등의 부정사용, 성상납, 부정청탁, 정보유출 및 정보이용 등이 있다.

부정부패는 국가운영과 공정경쟁의 룰(규칙)을 어지럽히고, 다른 국민의 권익을 침해하는 결과를 가져오고, 공권력에 대한 신뢰와 국가경쟁력을 떨어뜨려 국가발전을 저해하는 결과를 가져온다는 점에서 매우 심각한 문제이다. 오늘날과 같이 국가간 경쟁이 치열한 때 부정부패가 초래할 악영향은 더욱 클 것이다. 그런데 우리나라의 부정부패가 심각한 수준이라는 데에는 이견이 없다. 국제투명성

기구(TI)의 2011년도 국가청렴도(CPI)평가에서 우리나라는 10점 만점에 5.4점으로 조사대상 183개국 중 43위였다. 이 순위는 타이완보다 뒤지는 순위이다. 국제투명성기구의 2011년도 국가청렴도평가에서 현재 재정위기를 심하게 겪고 있는 이탈리아가 69위, 그리스가 80위인 것은 시사하는 바가 크다.

현재의 부패방지를 위한 법으로는 「부패방지 및 국민권익위원회의 설치와 운영에 관한 법률」, 「공직자윤리법」, 형법상의 뇌물죄 등이 있다. 그러나 이들 부패방지관련법은 부패에 대한 체계적이고 실효성 있는 대책을 포함하고 있지 못하다.

현행법상 부정부패행위의 처벌에도 한계가 있다. 대가성 없는 금품수수는 형법상 뇌물이 아니기 때문에 처벌할 수 없다. 그리하여 만일에 대비하여 평소에 고위공직자에게 사적 이익을 제공하는 고위공직자 스폰서가 확산되고 있다. 금품 등을 제공할 때에는 무엇인가 반대급부를 바라거나 과거의 호의에 감사를 표하기 위한 경우가 보통이고 금품을 받은 공직자는 직무수행과 관련하여 영향을 받지 않을 수 없게 된다. 또한 금품 등의 수수가 가장 보편화되어 있는 부패유형이기도 하다. 이러한 점 등에 비추어 단순한 금품 등의 수수도 금지하고 이를 행한 자를 처벌하는 것은 필요하고도 타당하다.

그 동안 부패에 대한 대책은 사전 예방보다는 사후 처벌을 중심으로 행해졌고, 이러한 연유로 부패는 주로 감사원의 감사나 사법기관의 처벌에 의해 다루어져 왔다. 부패문제를 담당하는 주무기관인 국민권익위원회에게는 조사권도 부여되어 있지 않다는 점도 문제이다. 부패는 은밀히 이루어지므로 적발이 어렵다. 따라서 부정부패의 방지는 처벌보다는 예방에 중점을 두어야 한다. 현재 시행되고 있는 부패예방을 위한 제도로는 공직자재산신고제가 있을 뿐이다.

선진국에서 시행되고 있는 공직자의 사적 이익과 공익이 충돌하는 상황을 예방하는 이익충돌방지제도를 도입하여야 한다. 부정부패가 부정청탁으로부터 시작되는 경우가 많은 점에 비추어 부정청탁을 방지하는 제도도 도입하여야 한다. 이러한 점에 비추어 국민권익위원회가 추진하고 있는 「부정청탁 및 이해충돌방지법안」은 시의적절한 것이다. 이 법안은 종래의 부정부패방지대책이 처벌위주로 되어 있는 점에 비하여 사적 이익을 추구하는 부정부패의 본질을 바로 보고 그에 대한 실효성 있는 대책을 제시하고 있는 점에 그 의의가 있다. 이에서 나아가 부정부패방지를 위한 기본법을 제정할 필요가 있다.

부정부패를 저지르는 것이 결과적으로 이익이 아니라 손해가 되도록 하여야 하는데, 이를 위해서는 부정부패로 인한 이익의 몇 배를 국가로 환수하여야 한다. 금품수수 등 부정부패는 은밀하게 이루어지는 점에 비추어 이전에도 그러한 부정부패가 있었을 가능성이 크기 때문에 적발된 금품 등 수수의 금액 등 부정부패의 액수의 일정 배수를 환수하는 것은 정당하고 또 필요한 것이다.

부패는 개인의 욕망과 공직자의 공직의식의 결여가 만나 이루어지는 것이다. 개인의 욕망은 부정한 청탁으로 이어지고 공직자가 공직의식을 망각하고 부정하게 권한을 행사함으로써 부패가 일어나는 것이다. 뇌물이나 부정한 청탁을 받아도 부정한 권한 행사를 할 수 없도록 행정업무의 처리기준을 명확히 하고, 행정결정을 투명하게 하여야 할 것이다. 그리고 부정한 업무처리에 대한 처벌과 징계를 강화하여야 할 것이다.

16

부정청탁과 정당한 민원 사이

부정청탁이라 함은 특정 직무에 관하여 공직자에게 영향력을 행사할 목적으로 은밀하게 요구 또는 권고하는 행위를 말한다. 부정청탁과 관련하여 뇌물을 제공하는 경우에는 뇌물공여죄로 처벌이 가능하지만, 권력관계 또는 친분관계를 이용하여 부정한 청탁을 하는 경우에는 처벌이나 제재를 가하는 법규정이 없다.

연고주의가 강한 가운데 공직자에 대한 권력자나 유력자의 청탁 또는 친분관계에 의한 청탁이 보편화되어 가고 있다. 청탁이 보편화되다 보니 경쟁상대방이 청탁을 하는데 나만 가만히 있으면 손해를 볼 것 같아 이른바 견제청탁을 하는 경우도 많다. 나아가 한 번만 청탁하면 마음이 놓이지 않아 여러 루트를 통해 가능한 청탁자를 최대한 동원하는 경우도 적지 않다. 청탁을 받아도 공무원이 소신껏 권한을 행사하면 아무런 문제는 없지만, 청탁을 받은 경우 그 청탁을 무시하는 것이 어려운 경우도 있다. 권력자나 유력자 또는 아주 친한 사람의 청탁의 경우가 그러하다.

이와 같이 부정청탁이 관행화되고 있고, 부정청탁이 부정부패의 중요한 원인 중 하나이므로 부정청탁으로부터 공직자를 보호하고, 공정한 직무수행을 보장하기 위해 부정청탁행위를 금지하고, 부정한 청탁을 한 자를 처벌하도록 하는 것을 검토할 수 있다. 국민권익위원회가 추진하고 있는 「부정청탁 및 이해충돌방지법안」은 부정한 청탁을 금지하고, 부정한 청탁을 한 자를 신고하도록 하고, 부정청탁을 한 사람이나 부정청탁에 따라 직무를 수행한 공무원을 처벌하는 것으로 규정하고 있다. 미국 몬타나주, 메인주 형법에서 행정절차 등에 재량권한을 가진 공직자에게 부정하게 영향력을 행사할 의도로 은밀하게 의사를 전달하는 행위를 금지하고, 이를 위반하는 경우 최대 10년의 징역, 5만불의 벌금에 처하는 것으로 규정하고 있다.

부정한 청탁을 금지하고, 부정한 청탁을 한 자를 처벌하는 것이 필요하기는 하지만, 뿌리 깊은 연고주의를 고려할 때 단계적으로 부정청탁을 처벌해 나갈 필요가 있다. 부정청탁 금지와 처벌의 부작용도 고려하면서 부정청탁의 금지와 처벌을 입법화하여야 한다.

부정청탁 금지와 처벌의 부작용으로 다음과 같은 것을 들 수 있다. 부정한 청탁은 은밀히 이루어지는 것이므로 부정한 청탁을 적발하는 것이 어렵다. 공직자로 하여금 부정한 청탁을 신고하도록 하는 경우 힘 없는 자의 청탁은 신고 되고, 힘 있는 자의 청탁이나 친분관계에 있는 자에 의한 청탁은 신고 되지 않아 힘 있는 자의 청탁이 더욱 위세를 떨치게 되는 부작용을 가져올 수도 있다. 인간관계가 중시되는 상황하에서 가까운 사람의 청탁은 신고 되지 않을 가능성이 크다. 청탁은 정보가 차단된 상황하에서 공무원에게 정보를 제공하는 기능도 수행하여 왔고, 약자가 억울함을 호소하는 수단으로도 사용되어 왔다. 이러한 상황하에서 정당한 사익을 보호받을 수 있는 시스템의 구축 없이 민원인의 청탁을 과도하게 제한하면 법안의 취지와 달리 정당한 사익의 보호가 지금보다 더 어렵게 될 수도 있다. 부정한 행위를 막기 위하여 행해지는 견제청탁도 있는데, 이러한 청탁도 금지될 수 있다.

「부정청탁 및 이해충돌방지법안」 제9조 제1항은 공직자가 부정청탁을 받은 때에는 즉시 소속기관장 등에게 서면으로 상담 또는 신고를 하도록 규정하고 있는데, 인간관계가 중시되는 상황하에서 현실에 있어 공직자가 부정한 청탁을 신고하기는 쉽지 않을 것이다. 아무리 좋은 내용의 법률규정도 실현가능성이 없는 경우에는 다른 법률규정의 실효성까지 떨어뜨릴 수 있다. 또한 소속기관의 장은 부정청탁을 한 사람을 소속기관의 인터넷 홈페이지 등에 임의적으로 공개할 수 있는 것으로 규정하고 있는 것이나 소속기관의 장이 신고사항을 무조건 고발하도록 한 것도 과도한 것이다. 부정청탁의 경우 당장 공직자에게 신고를 의무지우기보다 공직자가 책임을 면하기 위하여 신고할 수 있는 것으로 하는 것이 보다 타당한 것은 아닌지 검토를 요한다. 부정청탁자의 공개도 첫 번째의 부정청탁의 경우에는 경고, 두 번째의 부정청탁이나 세 번째의 부정청탁의 경우에 공개하는 것으로 하는 등 공개에 관한 기준을 정하여 행하도록 하위법령에 위임하는 것이 타당할 것이다.

법안 제8조 제3항은 공직자가 부정청탁을 받은 때에는 그 부정청탁에 따라 직무를 수행해서는 아니된다고 규정하고 있는데, 그 부정청탁에 따른 직무수행에는 적극적인 행정권 행사뿐만 아니라 행정권을 행사하지 않는 부작위도 포함된다는 것을 명시할 필요가 있다.

법안 제33조(부정청탁의 죄)는 공직자에게 부정청탁을 한 사람이나 부정청탁에 따라 직무를 수행한 공무원을 형벌(1년 이하의 징역 또는 1천만원 이하의 벌금)로 처벌하는 것으로 하였는데, 부정청탁에 따라 직무를 수행한 공무원을 이렇게 처벌하는 것은 타당하지만, 공직자에게 부정청탁을 한 사람을 모두 그렇게 처벌하는 것은 다음과 같은 점에서 재검토를 요한다. 부정청탁과 민원의 구분이 명확하지 않은 경우가 있는 점, 입법이 잘못되어 법을 그대로 집행하면 부당한 결과를 가져오는 경우도 있는 점, 부정청탁을 받아도 공직자가 이를 거절하면 문제가 없는 점, 부정청탁이 많이 행해지는 현실하에서 당장 형벌을 과하도록 하는 것은 부작용을 나을 수도 있는 점 등을 고려할 때 부정청탁을 금지하는 법을 도입하는 단계에서는 일단 과태료를 부과하는 것으로 하는 것이 타당한 것으로 보인다. 공직자에게 영향력을 미치지 않는 단순한 청탁에도 형벌을 과하는 것은 너무 과도한 것으로 볼 수 있다. 부정청탁 중 특수관계를 이용한 청탁, 달리 말하면 공직자가 청탁을 거절하기 어려운 부담감을 느끼는 청탁을 열거하고 이에 대해서만 형벌을 과하도록 부정청탁에 대한 처벌을 이원화하는 것을 고려해볼 만하다. 누가 봐도 형벌을 부과하는 것이 타당한 부정한 청탁의 유형을 명확히 규정하고, 이에 한하여 형벌로 처벌하는 것으로 하는 것이 좋을 것이다. 우선 상급자 등 권력자에 의한 청탁을 금지하는 것으로부터 시작하는 것이 좋을 것이다. 부정청탁이 되지 않는 민원인의 정당한 행위를 열거하는 것도 타당하다.

부정청탁을 받거나 돈을 받은 후 부정행위를 하려고 하여도 할 수 없게 하는 행정시스템을 만드는 것이 중요하다. 이를 위하여 행정절차를 재정비하고, 부패에 대한 감시기구와 기능을 강화하여야 한다. 또한 정당한 사익이 보호받을 수 있는 시스템이 마련되어야 한다. 우리의 행정시스템은 과거 개발행정시대의 획일적 행정에 맞추어 그 행정기준이 매우 경직되어 있다. 그래서 선의의 피해자가 나올 수밖에 없는 경우가 적지 않다. 특별한 사정을 고려받을 권리를 인정하여야 한다. 이를 위한 제도로 특별한 사정을 배려하는 재량준칙제도, 규제형평제도, 신속처분청구제도 등의 도입이 검토되어야 한다. 다만 특별한 사정의 고려가 특혜가 되지 않도록 하는 장치를 마련하여야 한다. 특별한 사정의 고려에 관한 공정한 기준을 정하고, 독립적인 기관이 결정하도록 하고, 결정과정과 결정결과를 투명하게 공개해야 한다. 이를 위해 국민의 권익보호에 중점을 두는 방향으로 「민원사무처리에 관한 법률」을 개정해야 한다.

17

공직자의 이해충돌방지법 제정

공직자의 부정부패는 자신 또는 타인의 사적인 이익을 위해 행해지는 것이 보통이다. 그러므로 부정부패를 막기 위하여는 공익과 공직자 또는 제3자(공직자가 보호하고자 하는 제3자)의 사적 이익이 충돌하는 것을 사전에 방지할 수 있도록 공직환경을 조성하는 것이 중요하다. 부패의 방지를 위한 최선의 길은 부패로 나아갈 수 있는 환경을 제거하는 것이다. 이러한 취지로 국민권익위원회에 의해 그 제정이 준비되고 있는 법안이 「부정청탁 및 이해충돌방지법안」이다. 그리고 선진각국은 대부분 「이해충돌방지법」을 갖고 있다.

'OECD 이해충돌방지 가이드라인'에 의하면 '이해충돌'이라 함은 공직자가 자신의 직무와 관련하여 사적 이해관계를 갖고 있고, 그러한 사적 이해관계가 공정하고 공평한 직무수행에 영향을 미칠 수 있는 경우를 말한다.

대가 여부와 관계없이 공직자에게 주어지는 선물 등은 이해충돌을 일으킬 수 있으므로 적절하게 관리하여야 한다. 일정한 가치 이상의 선물은 신고하도록 하는 것이 필요하다.

공직자가 기업체나 이익단체로부터 강의대가로 받는 강의료는 공직자의 권한 행사에 부당한 영향을 미칠 수 있다. 현행 「공무원 행동강령」은 외부강의로 받을 수 있는 대가를 강의요청자가 통상적으로 적용하는 기준을 초과하지 말도록 하고 있으나, 대가에 대한 구체적 기준이 없어 실효성이 떨어지고 있다. 공직자는 기업체나 이익단체로부터는 강의료를 받지 못하도록 할 필요가 있다.

> ○○부 장관 인사청문회시 ○○○청장을 지내던 3년 동안 67차례 외부 강의를 통해 4,500만원 가량을 수수한 사실이 드러나 논란을 빚은 적이 있다(2011. 9. 서울신문).

신규 임용 고위공직자에 대해서는 민간기업 재직시 경력 등 이해관계를 사전에 신고하도록 할 필요가 있다. 그리고 공무원으로 임용되기 전 일정기간 동안 재직하였던 사업체와 관계된 특정 직무에는 일정기간 임용되거나 참여하지 못하도록 하여야 한다. 직무관련

기업의 고문변호사 경력을 가진 공무원이 사전에 고지하지 않고 회피절차도 없이 관련 기업의 심의에 참여한 사례 등이 있다.

공직자의 외부활동을 신고하도록 하고, 부패 또는 이해충돌을 유발할 수 있는 공직자의 외부활동을 제한하여야 할 것이다.

○○협회 임원에 ○○부 현직 공직자인 ○○○국장(부회장), ○○○○과장(이사), ○○○○소 ○○○○센터장(이사) 등이 임명되고, 연찬회 과정에서 해당 협회로부터 부적절한 접대와 향응을 수수한 사례, ○○평가원 직원은 사기업의 이사로 취임하여 업무를 수행하면서 보수를 받고, 공직자의 소속기관에서 발주하는 용역계약에 심사위원으로 참여하여 공직자가 이사로 있는 업체를 유리하게 평가한 사례가 있다(국민권익위원회의 「부정청탁 및 이해충돌방지법」 제정안 발표자료(2012. 2) 참조).

공직자 및 그의 가족이 직무와 관련된 기업체 등 직무관련자와의 거래행위(금전차용·대부, 채무보증, 담보제공, 물품, 용역, 공사계약 등 계약체결, 부동산, 유가증권 등의 매매 또는 임차)를 금지함으로써 편법적인 금품수수를 차단할 필요가 있다. 다만, 부득이한 사정으로 거래행위를 하고자 하는 경우 소속기관장으로부터 사전 승인을 받은 후 거래하도록 허용하면 된다(법안 제16조).

○○시장은 부동산 개발업자로부터 차용형식으로 14억원을 받은 후 6

억원을 갚지 않아 뇌물수수로 입건되었으나, 검찰은 차용금을 뇌물로 보기 어렵다는 이유로 불기소 처분한 사례, 세무조사 대상기업에 영향력을 행사하여 배우자가 그 기업으로부터 조형물 용역계약을 체결하여 유죄판결을 받은 사례, ○○지방국세청 과장은 세무조사 대상기업이 소유하고 있는 부동산을 반값에 인수한 사례 등이 있다. ○○부 공무원은 산하 재단법인의 감사를 겸직하면서 면접위원으로 참여하여 배우자를 간부로 채용하고, 자신의 아버지 소유 건물과 누나가 대표이사로 있는 회사와 임차계약을 체결토록 영향력 행사하고('09년, 행동강령 위반), 전 ○○시장은 자신의 재임기간 중 친인척이 구입한 토지를 용도변경하여 막대한 시세차익을 얻도록 하는 특혜를 제공한 사례가 있고, ○○교육감은 자신의 모교에 기숙사·강당 등 시설비로 특별교부금 3,160백만원과 일반예산 2,014백만원을 집중적으로 지원한 사례가 있다(2009. 2. 감사원)(국민권익위원회의 「부정청탁 및 이해충돌방지법」 제정안 발표자료(2012. 2) 참조).

공직자가 자신 또는 가족과 관련된 사업체와 공직자 소속기관이 수의계약 등 계약을 체결하도록 하는 것을 금지하여야 한다. 현재 「지방자치단체를 당사자로 하는 계약에 관한 법률」상 자치단체장 및 지방의원들 자신 또는 그의 가족이 해당 자치단체와 계약하는 것을 금지하는 조항이 있으나(제33조), 처벌규정이 부재하여 처벌이 곤란한 문제가 있다.

예를 들면, ○○○연구원 책임연구원이 타인의 명의로 부품납품업체 3곳을 설립한 뒤 소속기관에 기계부품을 납품하면서 원가를 부풀려 5억여 원을 횡령한 사례, ○○군수는 자신이 최대주주로 있는 건설업체에 공사를 수의계약으로 발주(27건, 30억원)하여 지방계약법을 위반하였으나 동 법에 처벌규정이 없어 형법상의 직무유기 혐의로 기소되었으나 무죄 판결을 받은 사례, ○○기관의 단장은 친동생이 근무하는 기획사와 수의계약을 체결하면서 기획사에서 제시한 단가대로 실제 보다 3억 3천만원 과다 지급한 사례가 있다(국민권익위원회의 「부정청탁 및 이해충돌방지법」 제정안 발표자료(2012. 2) 참조).

공직자가 직무수행과정에서 알게 된 부동산개발정보, 금융관련정보 등 일반 국민들에게 알려지지 않은 미공개정보를 이용하여 사적 이익을 추구하는 부정행위가 빈발하고 있어 이를 금지할 필요가 있다. 아울러 공직자가 단속·조사 등의 업무를 수행하면서 직무관련자에게 단속일시 등 정보를 미리 알려주는 것을 금지하여야 한다.

○○부 고위공직자가 가족·친척들에 민간업체의 다이아몬드 개발권 획득이라는 내부정보를 제공해 주식거래를 하도록 돕고, 그 이후 보도자료 배포로 해당 업체 주가를 부정한 방법으로 조작한 것으로 의심되는 사례가 있고, ○○○공제회의 주식직접투자담당자가 배우자, 고향후배, 동생 명의로 공제회의 매수예정종목을 선매수하여(2,087회)하여 1억 2천만원 가량의 부당이득을 수수한 사례, 지하철상가 임대사업 담당직원이 내부정

보를 이용하여 지하철 점포를 친인척 명의로 낙찰받아 전대한 사례, ○○ 연구원 책임연구원이 육군전차 설계도면을 미국 방산업체에 유출한 사례 등이 있다(국민권익위원회의 「부정청탁 및 이해충돌방지법」 제정안 발표자료(2012. 2) 참조).

공직자가 수행하는 특정 직무가 공무원 자신 또는 가족, 친족 등 공무원과 일정한 관계에 있는 자의 사적 이익과 관련이 있는 경우에는 그 공무원으로 하여금 그 직무를 수행하지 못하도록 하여야 한다. 공직자 자신의 이해관계뿐 아니라, 가족의 이해관계 및 개인적인 연고와 친분도 공직자의 사적 이해관계에 포함시켜야 한다.

18

국가유공자제도를 바로 잡자

통상 국가를 위해 희생하거나 공을 세우신 분을 국가유공자라고 한다. 국가유공자라고 하면 독립유공자, 6·25 전쟁 참전용사를 떠올린다. 국가유공자라는 말은 국가를 위하여 적극적으로 헌신하다가 사망하거나 부상을 당한 경우로서 애국정신이 탁월하여 타에 모범이 되는 경우로 한정하여 사용하는 것이 일반적인 사용례인데 「국가유공자 등 예우 및 지원에 관한 법률」에 의해 인정되는 국가유공자제도에 따르면 국가유공자는 이보다 훨씬 넓게 인정된다.

현재 「국가유공자 등 예우 및 지원에 관한 법률」상 국가유공자로는 순국선열, 애국지사, 전몰군경(戰歿軍警), 전상군경(戰傷軍警), 순직군경(殉職軍警), 공상군경(公傷軍警), 무공수훈자(武功受勳者), 보국수훈자(保國受勳者), 6·25참전 재일학도의용군인(在日學徒義勇軍人), 참전유공자, 4·19혁명사

망자, 4·19혁명부상자, 4·19혁명공로자, 순직공무원, 공상공무원, 국가사회발전 특별공로순직자, 국가사회발전 특별공로상이자, 국가사회발전 특별공로자가 있다.

과거 공무원이 직무수행 중 본인의 잘못으로 사망하거나 부상을 당한 경우에도 국가유공자로 인정되는 문제가 있어서 공상공무원은 국가유공자와 지원유공대상자로 구분하는 것으로 개선하였다. 즉, 순직군경·공상군경·순직공무원 또는 공상공무원에 해당하는 사망 또는 상이가 불가피한 사유 없이 본인의 과실로 인하여 또는 본인의 과실과 경합된 사유로 인하여 발생한 경우에는 국가유공자가 아니라 국가유공자에 준하는 대상인 "지원대상자(지원공상자)"로 등록하여 보호하고 있다. 그리고, 불가피한 사유 없이 본인의 고의 또는 중대한 과실로 인한 상이에 해당하는 경우에는 공상은 물론 지원대상(지원공상군경)에서도 제외하고 있다. 이러한 개선조치 후에도 국가유공자를 너무 넓게 인정한다는 비판이 제기되자 2011년 9월 15일 「국가유공자 등 예우 및 지원에 관한 법률」을 개정하여 2012년 7월 1일 부터는 국가유공자가 될 수 있는 공상공무원은 국민의 생명·재산보호와 직접적인 관련이 있는 직무수행이나 교육훈련 중 상이(질병을 포함한다)를 입고 퇴직한 사람으로서 그 상이정도가 국가보훈처장이 실시하는 신체검사에서 상이등급으로 판정된 사람으로 한정하는 것으로 되었다.

국가유공자 지원정책은 보훈급여금, 교육보호, 취업보호, 의료보호, 기타 보호, 국립묘지안장 등의 형태로 이루어지고 있는데, 보훈급여금으로는 보상금, 수당(생활조정수당, 간호수당, 무공영예수당, 6·25전몰군경자녀수당, 대통령령이 정하는 수당), 사망일시금 등이 있고, 기타 보호로는 양로보호, 양육보호, 수송시설의 이용보호, 고궁 등의 이용보호, 주택의 우선분양 등이 있다. 한편, 국립묘지안장지원과 관련해서는 국가유공자의 경우 국립서울현충원, 국립대전현충원, 국립4·19민주묘지, 국립3·15민주묘지, 국립호국원 등에 안장이 가능하고, 국립묘지에 안장된 사람의 배우자는 하자(흠)가 없는 한 그 본인 또는 유족의 희망에 따라 합장이 가능하다. 군경이 아닌 순직공무원이나 공상공무원은 국립호국원 안장대상이 아니다.

국가유공자를 넓게 인정하는 것은 국가를 위해 희생한 분에 대한 예우이지만, 국가유공자를 넓게 인정하다 보면 국가유공자의 가치가 그만큼 낮아지게 되고, 그만큼 지원의 수준도 낮아지게 된다. 국가유공자도 장애등급에 따라 대우를 달리 하고 있는 것을 보고 국가유공자를 장애인 취급한다고 분개하는 일이 발생하는 것도 국가유공자를 너무 넓게 인정하다 보니 그러한 것이다. 국가유공자를 지나치게 넓게 인정하다 보니 허위로 국가유공자로 등록되는 사례, 국가유공자가 부정행위에 연루되어 국가유공자의 명예를 훼손하는 사례도 적지 않다. 밀수 혐의로 징역형을 선고받은 국가유공자에 대한 국립묘지안장 거부결정이 정당하다는 법원의 판결 등의 사례도 있다.

공무원의 경우 과거에는 봉급이 사기업체의 직원에 비해 너무도 낮았고, 근무시간의 제한도 없이 국민 전체에 대한 봉사자라는 이유로 과중한 업무에 고생하였기 때문에 공무원이 직무수행 중 사망하거나 부상을 당한 경우에는 국가유공자로 인정하는 것을 이해할 수 있었다. 그렇지만 공무원의 보수가 그렇게 높은 것은 아니지만 상당히 현실화되었고, 공무원의 보수 및 직업의 안정성에 비추어 공무원이 가장 선호되는 직업군의 하나가 된 현재로서는 공무원이 직무수행 중 사망하거나 부상을 당하였다고 모두 국가유공자로 인정하는 것은 받아들여지기 어렵게 되었다. 그렇기 때문에 공상공무원의 국가유공자로서의 요건을 강화하여 온 것이다. 공상공무원의 공익에 기여한 점은 인정하되 공상공무원을 자동으로 국가유공자로 인정하는 것은 문제가 있다. 공상공무원은 심사를 거쳐 타의 모범이 되는 경우만 국가유공자로 인정하고, 그 이외의 경우에는 공익기여자 또는 공무상 재해자로 보호하는 것이 타당하다. 담배를 많이 피운 공무원이 폐암에 걸린 경우, 술을 많이 먹는 공무원이 간암에 걸린 경우 공무가 과중하다는 것을 입증하면 국가유공자가 되는 것은 국민의 법감정에 맞지 않는다. 군복무 중 구타로 인한 사상자, 부대 주관의 운동 중 다친 자 등이 공익기여자가 되는 것은 몰라도 국가유공자가 되는 것도 논란의 대상이 될 수 있다.

국가유공자를 넓게 인정하다 보니 국가유공자에 대한 존경이 약화되고 있다. 국가유공자라는 말은 국가를 위하여 적극적으로 헌신하다가 사망하거나 부상을 당한 경우로서 애국정신이 탁월하여 타에 모범이 되는 경우로 한정하여 사용하면서 대우를 대폭 확대하고, 그 이외에 공익에 기여하는 과정에서 희생을 당한 사람은 공익기여자로 구분하는 것이 타당하다.

19

정권의 교체와 정책 변경

정책은 사정변경에 따라 수정될 수 있는 것이다. 정책은 기존의 일정한 행정여건에 대한 분석과 장래의 행정여건의 변화에 대한 예측에 기초하여 수립되므로 정책에는 변경가능성이 내재되어 있다. 기존의 행정여건에 대한 분석이나 장래의 예측이 잘못된 경우에는 정책이 변경될 수 있는 것이다. 그렇지만 정책이 자주 바뀌면 정책의 일관성은 훼손되고, 정책을 믿은 기업이나 국민이 예측하지 못한 손해를 보게 된다.

특히 국가나 지방정부에서 정권이 바뀌는 경우 전 정권이 추진하던 정책을 바꾸는 경우가 있다. 예를 들면 시장이 지역경제의 활성화를 위해 수도권에서 지방으로 이전하려는 공장을 유치하는 정책을 폈고, 이미 그 기업이 현재의 공장부지를 팔고 새로운 공장부지를 매입한 단계에서 이 공장이 공해를 유발하는 공장으로서 청정지역의 이미지를 바탕으로 관광정책을 펴는 것이 옳다는 시장후보자가 당선됨으로써 새로 당선된 시장이 공장유치정책의 추진을 포기하고 공장유치정책을 중단할 수 있는가 하는 것이 문제된다. 박원순시장의 뉴타운정책의 변경도 이러한 차원의 문제이다.

정권이 바뀌어도 전 정권이 추진한 정책은 원칙상 새로운 정권에 승계된다고 보아야 한다. 다만 새로운 정권이 그 정권을 택한 유권자의 의사를 반영하여, 특히 선거공약으로 내세운 정책을 실현하기 위해 전 정권의 정책을 폐지하거나 변경하는 것이 불가능한 것은 아니다. 그러나 정권이 바뀌었다고 전 정권의 정책을 무조건 폐지할 수 있는 것은 아니다. 정책을 폐지하거나 변경할 정당한 사유가 있어야 하고, 정책을 변경할 필요성이 정책의 변경으로 인한 불이익 보다 커야 한다.

정책을 변경하는 것이 타당한 경우에도 종전의 정책을 신뢰하여 불측의 손해를 보게 되는 자를 최소한으로 하고 그 손해를 구제해주는 조치가 필요하다. 다만 합리적인 정책의 변경으로 인하여 입는 손해는 완벽히 구제되어야 하는 것은 아니며 중대한 손해가 아닌 경우에는 공익을 위해 감수해야 한다. 이것이 재산권 행사의 공공복리 적합성을 규정한 헌법 제23조 제2항의 입법취지이며 선진국의 관행이다.

공무원의 3중적 지위－공무수행자, 근로자, 인간 | 공무원의 전문성 제고 | 공무원의 이유있는 복지부동(伏地不動) | 권고사직의 실상 | 직위해제의 실상 | 위원회제도의 장점과 단점 | 소극행정에서 적극서비스행정으로 | 행정권의 불행사－눈을 감는 행정 | 공무원의 몰랐다는 변명 | 법적 근거가 없다는 변명 | 획일행정에서 형평행정(탄력행정)으로 | 규제형평제도를 도입하자 | 행정규칙에 의한 행정의 문제 | 유권해석제도의 문제 | 용역업체에 의한 대집행의 폐해 | 음주단속의 실상 | 민간인사찰과 공무원사찰의 문제 | 행정조사와 행정영장

PART Ⅵ

행정의 실태와 과제 - 공정하고 수준 높은 행정을 위하여

01

공무원의 3중적 지위-공무수행자, 근로자, 인간

우리는 공무원에게 공직을 위해, 국민을 위해 봉사할 것만을 요구하는 경향이 있다. 공무원의 근로자로서의 성격 및 한 가정의 가장이며 인간이라는 면은 무시하거나 등한시하였다. 그런데 현실에서 공무원 자신은 근로자라는 생각, 인간이라는 생각을 더 갖고 있다고 할 수 있다. 공무원에게 사명감도 있겠지만, 공무원이 가장 중시 여기는 것은 승진과 오래 동안 공직에 머무는 것이다. 이와 같이 국민이나 권력자가 공무원에게 요구하는 것과 공무원이 생각하는 것 사이에는 상당한 괴리가 있다.

이제는 공무원의 지위와 자세에 관하여 바로 이해하고 공감대를 형성하여야 한다. 그 이유는 공무원에 대한 잘못된 인식을 갖는 경우 공무원에 대해 잘못된 기대를 가질 수밖에 없기 때문이다. 공무원은 공무수행자, 근로자, 인간이라는 3중적 지위를 갖는다고 보아야 한다.

우선 공무원은 사기업체의 근로자와 달리 이익을 추구하는 사무를 담당하는 것이 아니라 공익을 추구하는 공무를 수행한다. 공무원은 사익의 문제를 다루는 것이 아니라 공동체 전체의 이익인 공익을 보호하여야 한다. 이러한 점에서 헌법은 공무원을 국민 전체에 대한 봉사자라고 선언하고 있다. 그 의미는 공무원은 국민 전체에 대해 봉사하는 자세를 가져야 하며 특정 개인의 사익을 추구하여서는 안 된다는 것이다.

다음으로 공무원도 근로자라는 점을 인정하여야 한다. 공무원도 봉급을 받아서 자신과 가족의 생계를 책임져야 하는 가장이다. 과거에 공무원하면 박봉에 시달린다는 인식이 강하였다. 그러나 최근 공무원 봉급도 많이 인상되었고, 공무원의 신분의 안정성을 고려하면 공무원이라는 직업은 많은 사람이 선호하는 직업이 되었다. 오히려 최근에는 공무원이 본인의 출세와 이익만을 추구하는 것이 아닌가 하는 비판의 목소리가 강하다.

공무원이 근로자라는 점을 인정하면서도 공무원의 국민 전체에 대한 봉사자라는 점을 강조하여야 한다. 우리나라의 행정권은 선진

외국에 비하여 아직도 강하고, 국가와 사회발전에 있어서 행정권의 역할이 크게 요구되는 점에 비추어 공무원의 봉사정신을 보다 강하게 요구하는 것이 타당하다. 다만 공무원의 근로자로서의 지위도 인정하여야 한다는 것이다.

아직도 공무원이 한 인간이라는 점에 대한 인식은 약하다. 공무원이 공무를 수행할 때에는 공무원이라는 지위가 우선시 되어야 하겠지만 공무원의 사생활과 인간으로서의 행복추구도 인정해 주어야 한다. 경우에 따라서는 공무원의 인간으로서의 나약한 모습도 인정해 주어야 할 것이다. 공무원도 공과 사를 구별할 줄 알아야 하고, 일반 국민도 공무원의 사생활을 인정해 주어야 한다. 공무원의 SNS(소셜네트워크서비스)의 이용을 금지할 수는 없다. 다만 공무원의 SNS 사용이 공무와 관련되는 경우 그 규제에 관하여는 논의의 여지가 있다.

02

공무원의 전문성 제고

공무원이 하는 일 중에는 그다지 전문성이 요구되지 않는 일도 있지만, 공무원이 제대로 공무를 수행하기 위하여는 전문성이 요구되고, 때로는 고도의 전문성이 요구되는 경우가 많다.

점점 사회가 복잡해지면서 공무원의 전문성이 더욱 요구되게 되었다. 그리하여 관료제(bureaucracy)가 등장하게 된 것이다. 관료제를 한 마디로 말하면 전문가(지식)에 의한 행정을 의미한다. 오늘날 관료제라는 용어는 전문가인 관료에 의한 행정의 문제점을 지적하는 부정적 의미로 사용되는 경우가 많지만, 관료가 행정의 중심에 서서 행정을 지배하는 것을 지칭하는 관료제는 긍정적인 측면과 부정적인 측면을 함께 갖고 있다. 관료제의 긍정적 측면은 효율적이고 합리적인 행정을 도모할 수 있다는 것이고, 관료제의 부정적 측면은 개혁에 대한 저항, 국민에 대한 봉사정신의 상실 등이다.

그런데, 우리나라의 경우 과연 공무원에게 전문성이 갖추어져 있는지 묻고 싶다. 공무원에게 요구되는 지식은 복합지식이다. 공무원 중 고위직에게 요구되는 지식은 정책수립에 관한 지식, 정책을 실현시키기 위한 입법지식, 담당분야에 관한 전문지식 등이 요구된다. 고위직 공무원에게 정책수립을 위한 지식이 있는 경우는 적지 않지만, 입법지식이나 담당분야에 대한 전문지식은 부족한 경우가 많다. 하위직 공무원에게는 법집행에 관한 지식과 담당분야에 대한 전문지식이 요구되는데, 이들 지식이 부족한 경우가 많다. 하위직 공무원은 법령은 보지 않고 업무메뉴얼과 관행에 따라 업무처리를 하는 것이 보통이다. 그리하여 업무메뉴얼이나 관행이 없는 경우 업무처리를 회피하고, 업무메뉴얼이나 관행이 잘못된 경우에도 업무메뉴얼이나 관행대로 행정처분을 하고 있다.

공무원의 전문성은 공무원 시험제도와 밀접한 관계가 있다. 정부수립 후 초기에는 공무원 시험과목에 법과목이 적지 않게 들어 있었고, 대학에서 법학 이외의 사회과학이 활성화되지 않았던 상황하에서 공무원으로 법전공자가 많이 들어 왔다. 그런데 행정부에 의한 국가발전이 급속히 이루어지면서 행정학이 중시되었고, 공무원 시험에서 행정법을 제외한 법과목이 배제되거나 축소되고 행정학 등 다른 과목이 추가되면서 법전공자가 공무원 시험에 합격하는 수가 급격히 줄어들었다. 그리하여 현재 공무원 중에는 법률지식을 갖추고 있는 공무원이 매우 부족한 상황이다. 공무원은 일차적으로 법을 집행하는 것을 임무로 하고, 법령제정안이나 개정안을 만드는 일을 하는데, 법률전문가의 부족으로 큰 문제가 야기되고 있다. 소관부처의 유권해석이 잘 되지 않고 있고, 법률안이 신속히 마련되지 못하고 있다. 법률전문가인 공무원이라면 일주일이면 만들 수 있는 간단한 법률안도 외부기관에 용역을 주어 만들거나 법률안준비작업반을 구성하여 만들기 때문에 수개월이 걸리고 있다.

행정관료가 중심이 되고 기술관료가 홀대를 받는 것도 문제이다. 최근에 기술직 출신의 장관이 나오는 경우도 있지만, 고위직은 행정관료에 의해 독식되고 있다. 오늘날 과학기술의 발전으로 행정에서도 고도의 과학기술지식이 요구되고 과학지식과 기술을 가진 사람이 행정을 지배하는 기술관료제(technocracy)가 요구되고 있는데, 행정공무원에게 과학기술지식이 부족하여 행정에 큰 지장이 초래되고 있다. 예를 들면 광우병문제, 원자력안전문제, 정보통신규제 등은 높은 수준의 과학기술에 관한 전문지식을 요구하고 있다. 국제협상에서 국익을 지키기 위하여도 과학기술과 법에 관한 전문지식이 요구되는데 이러한 전문지식을 함께 갖고 있는 공무원을 찾아보기 어렵다.

공무원의 전문성을 높이기 위하여는 우선 공무원의 시험과목을 개선하여야 한다. 공무원 시험과목에 법률과목을 더 넣어야 한다. 그리고 공무원 채용에 있어서 특채제도를 확대하여 전문지식을 가진 인재를 보다 적극적으로 영입할 수 있도록 하여야 한다. 변호사나 박사학위소지자를 채용하는 길을 열고 확대하여야 한다. 기술직 공무원이 고위직으로 오를 수 있도록 하여야 한다. 공무원 교육을 공무원의 전문성을 높이는 쪽으로 보완하여야 한다. 공무원의 전문성을 고려하여 직위를 부여하도록 하여야 한다. 공무원에게 요구되는 정책학, 법학, 과학기술 등을 종합적으로 교육하는 학과를 대학에 신설하여야 한다.

03

공무원의 이유 있는 복지부동(伏地不動)

복지부동이라 함은 공무원에 대한 사정(부패단속 등)이나 국가개혁시에 공무원이 취하는 보신적인 태도를 일컫는 말이다. 사정의 광풍이 몰아치고 국가개혁을 위해 공무원을 다그칠 때 그 시기가 지나가기를 기다리며 땅에 엎드려 있듯이 움직이지 않고 조용히 기다리는 공무원의 모습을 가리키는 말이다.

복지부동을 공무원의 잘못으로만 돌리는 것은 타당하지 않다. 공무원은 일반인과 달리 사명감을 갖고 국민을 위해 적극 봉사하여야 하지만, 공무원도 나약한 인간이며 봉급을 받는 근로자로서 자신과 가족을 위하여 몸을 사리지 않을 수 없다. 문제는 오히려 정권을 공고히 하기 위한 일시적인 사정이나 정치적 제스처로 행해지는 국가개혁에 있다. 합리적인 개혁이 아니라 비합리적인 일시적 개혁으로 공무원에게 구체적인 지침도 없이 무리한 요구를 하니 나중에 책임을 지지 않으려고 복지부동하고 있는 것이다. 물론 공무원이 국민을 위해 누명을 쓰거나 책임을 감수할 각오를 하고 소신껏 개혁정책에 동참하는 것은 칭찬할 만한 것이지만, 모든 공무원에게 이러한 태도를 요구하는 것은 실현가능성이 없는 것이다. 공무원은 통치자는 임기가 끝나면 떠나지만, 본인의 정년은 아직 멀다는 것을 잘 알고 있다.

공무원이 복지부동이라고 탓할 것이 아니라 공무원이 움직일 수 있도록 제도와 환경을 조성하고 리더십을 발휘하는 것이 중요하다. 공무원이 동참하지 않으면 아무리 좋은 개혁도 성공할 수 없다는 것을 알아야 한다. 공무원은 개혁에 동참시키지 못하는 통치자는 리더십이 부족함을 반성하여야 한다. 부패단속이나 국가개혁은 단발적으로 할 것이 아니라 지속적으로 추진하여야 한다. 공무원의 이해를 구하고 공무원의 동참을 요구하여야 한다. 명확한 방향과 구체적인 지침을 제시하여야 한다. 신상필벌을 엄격히 하여야 한다. 선의로 적극적인 업무처리를 하는 과정에 문제가 발생한 경우 그렇게 한 공무원을 선처하여야 한다. 이러한 제도와 환경을 조성한 후에 복지부동하는 공무원에 대하여는 엄한 징계를 하여야 한다. 복지부동은 공무원의 직무상 의무위반이므로 징계의 대상이 된다는 것도 분명히 하여야 한다.

04

권고사직의 실상

권고사직은 법에서 정한 제도가 아니라 행정실무에서 행해지는 관례의 하나이다. 권고사직은 상관의 권고에 의해 사직원을 내게 하고 이를 수리하여 공무원의 신분을 박탈하는 방식이다.

권고사직은 인사권자에게 잘못 보인 공무원을 몰아내는 수단으로 사용되기도 하고 징계로부터 공무원을 보호하기 위해 징계 대신 사용되기도 한다. 파면이나 해임의 경우 공직에의 취임이 일정기간 제한되고, 징계기록이 남고, 파면의 경우에는 퇴직금의 지급도 일부 제한되므로 이를 피하도록 권고사직을 하는 경우가 있다.

또한 권고사직은 공직의 비리를 감추는 수단으로 사용되기도 한다. 공무원을 징계하기 위해서는 공무원의 비리를 상세히 조사하여야 하지만 권고사직하는 경우에는 그러한 조사를 하지 않아도 되기 때문이다. 권고사직으로 공무원의 비리에 대한 조사가 적당히 마무리될 수 있다. 그러므로 공무원에게 비리가 있는 경우 법에 따라 징계를 하여야 할 것이지 권고사직시킬 일이 아니다. 권고사직이라는 나쁜 관행은 없어져야 한다.

05

직위해제의 실상

직위해제처분은 일정한 사유가 있는 경우에 일시적으로 공무원의 직위를 박탈하여 직무에 종사하지 못하게 하는 것을 말한다. 국가공무원법상 직위해제는 직무수행능력이 부족하거나 근무성적이 극히 나쁜 공무원, 파면·해임·강등 또는 정직에 해당하는 징계 의결이 요구 중인 공무원, 형사사건으로 기소된 공무원 등에게 행해진다.

그런데, 직위해제조치가 공직의 부정 등 문제에 대한 여론의 비판을 일시적으로 피하거나 잠재우기 위한 방편으로 활용되는 경우가 많다. 직위해제처분은 징계가 아닌데도 징계의 하나로 인식하는 경우도 있다.

직위해제처분 후에 징계처분을 내리는 경우도 있지만, 직위해제 조치 후 여론의 비판이 잠잠해지면 보직을 변경하여 직위를 부여하거나 가벼운 징계처분을 내리거나 징계를 하지 않고 사직을 권고하여 의원면직하는 경우도 적지 않다. 앞으로 직위해제를 본래의 목적대로 사용하여야 한다.

06

위원회제도의 장점과 단점

위원회라 함은 여러 명의 공무원 또는 민간인으로 이루어지는 합의제 행정기관을 말한다. 통상 행정기관은 한 명의 공무원으로 구성되는 독임제(獨任制) 행정기관인 것이 원칙이다. 그 이유는 독임제 행정기관이 행정기관의 책임을 분명히 하고 신속한 행정을 할 수 있도록 하는 장점을 가지고 있기 때문이다. 그런데, 최근 합의제 기관인 위원회가 많이 늘고 있다. 원래 위원회제도는 미국에서 발전된 제도인데, 우리나라에 도입되고 있는 것이다.

위원회가 생긴 이유는 독임제 행정기관으로 처리하는 것이 적절하지 않고 위원회를 구성하여 처리하는 것이 적절한 행정이 등장하였기 때문이다. 기존의 상명하복의 계층적 행정조직으로부터 독립된 기관이 독립적으로 수행할 필요가 있는 행정, 대립하는 다양한 이해관계를 공평하게 조정할 필요가 있는 행정, 전문가와 이해관계인의 의견수렴이 필요한 행정 등이 등장하면서 위원회가 발전하였다. 고도의 독립성이 요구되는 위원회로는 감사원(감사위원으로 구성된 감사위원회에서 최종적으로 의사결정), 국가인권위원회, 국민권익위원회, 사학분쟁조정위원회, 민주화운동관련자명예회복및보상심의위원회, 행정심판위원회 등이 있다. 이들 위원회는 다소 미흡한 점은 있지만, 제도적으로는 상당한 독립성이 보장되고 있다. 공정거래위원회, 방송통신위원회는 규제의 독립성을 보장하기 위해 위원회조직으로 만든 것이지만, 실제로는 일반 행정부처처럼 운영되고 있다. 이해관계를 조정하기 위하여 설립된 위원회로 대표적인 것이 노동위원회, 전문가의 지원이 필요한 위원회로 행정심판위원회, 법령해석위원회 등을 들 수 있다.

이와 같이 위원회의 존재이유가 다양할 뿐만 아니라 위원회의 종류도 다양하다. 위원회는 의결권과 함께 대외적인 표시권을 갖는 행정청인 경우(예, 공정거래위원회, 노동위원회 등) 의결권만을 갖는 의결기관인 경우(예, 징계위원회), 동의기관인 경우(예, 인사위원회 등), 심의권만을 갖는 심의기관(예, 정보공개심의회)인 경우와 자문권만을 갖는 자문기관인 경우가 있다. 의결기관과 동의기관의 결정은 구속력을 갖는다. 심의기관과 자문기관의 결정은 법적 구속력은 없다. 다만 심의기관의 결정은 구속력은 없지만, 행정청에 의해 존중되어야 한다. 자문기관인 합의제 행정기관에서는 통상 결정이 내려지지 않지만, 결정이 있는 경우에도 행정청은 그 결정으로부터 전적으로 자유롭다.

위원회는 숫자가 많고 종류가 다양한 만큼 잘 운영되는 위원회도 있고 문제가 많은 위원회도 적지 않다. 우선 회의가 거의 열리지 않는 위원회가 많다. 대국민 홍보용으로 만들어놓고 회의는 거의 열지 않는 경우가 있다. 이러한 불필요한 위원회는 폐지하여야 한다. 그러나 회의가 자주 열리지 않는 위원회라고 모두 불필요한 것은 아니다. 문제가 생긴 경우에 한 두 번 열리는 것만으로도 그 기능을 충분히 다 하는 경우도 있다. 더욱이 위원회는 조직만 있는 것이지 공무원이 배정되어 있지 않기 때문에 위원회 유지비용은 거의 들지 않는다. 정규공무원을 채용하지 않고 우수한 비상임위원으로 구성하여 운영하고, 회의시마다 회의비만 주면 되기 때문에 오히려 행정비용이 절감되기도 한다. 행정심판위원회, 법령해석위원회 등이 대표적인 예이다.

위원회는 그 정도에는 차이가 있다 하더라도 상명하복의 행정조직으로부터 독립되어야 한다. 그런데 위원회를 지원하는 사무국이 거의 심의나 의결방향을 결정하고 위원회는 그것을 추인하는 무늬만 위원회인 경우도 적지 않다. 이 경우 실질적으로 의사결정은 단독제 행정기관이 내리지만, 책임은 위원회에 떠넘길 수 있어 위원회가 면책수단으로 악용되기도 한다.

위원회조직의 문제점은 신속한 결정이 어렵고, 책임성이 약하다는 것이다. 위원회의 책임성을 확보하기 위하여는 위원회의 회의를 공개하여야 한다. 그런데, 위원회의 회의를 공개하는 경우 위원의 자유로운 발언이 제약된다는 이유로 비공개로 하는 경우가 많다. 위원에 대한 로비와 압력이 적지 않은 우리의 현실에서 무시할 수 없는 비공개 이유이지만, 회의를 공개할 필요성은 크다. 로비나 압력을 이겨내지 못할 사람은 위원이 되어서는 안 된다고 할 수도 있다. 당장 모든 위원회의 회의를 공개로 하는 것은 어렵겠지만, 지금의 비공개원칙을 공개원칙으로 바꾸고, 여건의 조성에 맞추어 공개를 확대해 나아가야 할 것이다. 이와 관련하여 미국의 회의공개법인 선샤인법(Sunshine Act)을 참조할 필요가 있다.

회의는 비공개로 하더라도 회의록은 공익상 공개할 수 없는 예외적인 경우를 제외하고는 최대한 공개하는 것으로 하여야 한다. 회의록 중 발언자의 인적 사항을 공개할 수 없는 경우에는 발언자의 인적 사항을 제외하고 회의록 내용을 공개하여야 한다. 대법원판례는 학교환경위생정화위원회의 회의록에 기재된 발언내용에 대한 해당 발언자의 인적 사항에 관한 정보는 비공개대상에 해당한다고 보았고, 지방자치단체의 도시공원에 관한 조례에서 규정된 도시공원위원회의 회의록은 심의사항에 관한 시장 등의 결정의 대외적인 공표행위가 있은 후에는 정보공개의 대상이 된다고 보았다.

07

소극행정에서 적극서비스행정으로

본래 행정은 공익을 위한 적극적 활동이어야 한다. 국가는 국민의 기본권을 보장하여야 할 의무가 있다. 국민의 안전을 보장하여야 하고, 국민에게 인간다운 생활을 보장하기 위하여 노력하여야 한다. 또한 헌법은 공무원을 국민 전체에 대한 봉사자로 규정하고 있다. 봉사자라 함은 고도의 성실을 전제로 적극적인 서비스를 제공하는 자를 말한다. 국가공무원법도 공무원은 성실히 직무를 수행하여야 한다고 규정하고 있다. 이러한 점에 비추어 볼 때 행정은 공익을 위해 적극적으로 서비스를 제공하여야 한다. 또한 개방형 세계경제체제하에서 각국이 치열하게 경쟁하고 있는 상황에서 국가경쟁력을 제고하기 위하여 행정의 경쟁력을 제고할 것이 요청되고 있는데, 이를 위하여도 행정의 적극적 자세가 요구된다.[1]

1 외국에서는 투자를 하여 공장을 설립한다고 하면 공무원이 투자자의 사무소에 찾아와(경우에

그런데 그 동안 우리나라에서의 행정은 소극적으로 행해져 왔고, 법제도상으로도 그렇게 설계된 측면이 있었다고 할 수 있다. 그 동안 정부는 국가발전의 핵심에 서 있었고, 적극적인 국가발전정책을 추진하여 왔지만, 정책의 집행인 좁은 의미의 행정에 있어서는 소극적인 행정이 주를 이루었다. 그 이유는 복합적이지만, 한편으로 공무원의 자의적인 행정권 행사와 부정을 막기 위하여 가능한 한 공무원에게 재량권을 부여하지 않고 법과 상급기관의 지시에 엄격히 복종하는 행정을 요구하였던 것에 있었고, 다른 한편으로 공무원의 위법행위와 부정이 징계의 주된 대상이 되면서 공무원이 보신행정을 하게 된 것에 있었다고 할 수 있다.

소극행정의 유형은 다양하다. 참고로 서울대 박정훈 교수는 소극행정의 유형으로서 다음의 8가지를 제시하고 있다. ① 필요한 업무를 찾아 이에 관한 규정을 신설하기 위해 노력하지 않고 기존의 주어진 업무만 반복 처리하는 것, ② 비효율적·부당·위법한 규정의 시정을 위해 노력하지 않고 현행 규정을 맹종하는 것, ③ 규정이 없다는 이유만으로 공법상계약, 행정지도, 자율규제 등 가능한 해결방안을 모색하지 않고 행정조치를 거부하거나 다른 행정기관에 업무를 미루는 것, ④ 기존 업무관행을 기계적으로 반복하면서 현행 규

따라서는 투자자 사무소에 행정지원팀을 설치하여) 공장설립에 관한 행정서비스를 적극적으로 제공하고 민원을 해결해 주고 있는데, 우리나라의 경우에는 행정은 관공서에서 하는 것으로 알고 민원인이 찾아오도록 하고 있으며 규제도 강하고 불합리한 경우가 있다.

정의 테두리 내에서도 업무개선을 위한 노력을 하지 않는 것, ⑤ 이해관계인들의 이해가 충돌하는 경우 이해조정을 위한 노력 없이 이해관계인 사이의 합의만을 기다리는 것, ⑥ 현장조사 등 적극적인 조사를 행하지 않고 당사자의 주장이나 추측 등에 의거하여 사실을 인정하는 것, ⑦ 정당한 사유 없이 업무처리를 지체하는 것, ⑧ 직무태만(박정훈, "적극행정 실현의 법적 과제", 한국공법학회·감사원 공동학술대회(2009. 9. 4.) 발표문, 37~38면). 이에 추가하여 민원담당공무원이 민원인에게 이해관계 있는 정보를 알면서도 법적 의무가 없기 때문에 이를 굳이 제공하지 않는 것,[2] 예산부족이나 다른 기관의 권한에 속하다는 핑계로 필요한 업무를 추진하지 않고 뒷짐지고 있는 행태 등을 들 수 있다.

이러한 상황하에서 감사원은 2009년부터 적극행정면책제도를 추진하고 있다. 적극행정면책제도는 공무원이 성실하고 능동적으로 업무수행하는 과정에서 잘못을 행한 경우에 있어서는 감사원이 징계처분요구를 하지 않거나 감경된 징계를 요구하는 제도이다. 그러나 실제로 적극적인 행정서비스가 실현되기 위하여는 소극행정을 기본으로 하고 있는 법제도와 업무담당공무원의 소극적인 업무행태가 바뀌어야 한다. 우선 「민원사무처리에 관한 법률」을 적극행정

2 공장설립허가신청을 받은 공무원이 공장부지로 도로가 개설될 것이라는 정보를 알고 있음에도 도로개설은 본인의 업무가 아니라는 이유를 이를 공장설립민원인에게 알려주지 않고, 공장설립요건에 합치하는지만 심사하여 공장설립허가를 해 주었고, 그 후 공장이 완공되었지만, 도로가 개설됨에 따라 공장이 수용되어 공장가동을 하지 못하게 된 예를 들 수 있다.

과 국민권익보호행정을 지향하는 방향으로 전면 개정하여야 한다. 기관업무평가 및 공무원 평가에 적극행정서비스 실적을 포함시켜야 한다. 봉사행정을 구체화하는 공무원 복무지침(또는 행동강령)을 제정하여야 한다. 이렇게 함으로써 예를 들어 건축허가신청이 건축허가의 요건을 갖추고 있다고 하더라도 건축부지에 도로가 개설될 계획이 확정되어 있거나 확정될 가능성이 큰 경우에는 무조건 건축허가를 해 주지 말고 사전에 건축허가신청자에게 이러한 정보를 제공하도록 하여야 한다.

08

행정권의 불행사 - 눈을 감는 행정

행정권을 자의적으로 행사하는 것도 문제이지만 국민의 생명과 건강을 보호하기 위해 행정권을 행사해야 함에도 행정권을 행사하지 않는 것도 문제이다. 경찰권이 발동될 필요가 있음에도 경찰권이 발동되지 않거나 적당히 형식적으로만 발동하는 경우, 위법행위에 대해 단속권을 행사하지 않거나 형식적으로 행사하여 눈 감아주는 경우를 예로 들 수 있다. 불법 유흥업소에 대한 신고에 경찰이 출동은 하지만 형식적으로 둘러보고 돌아가는 것은 그 대표적인 예이다.

행정권의 불행사는 지방행정에서 특히 문제된다. 지방자치단체의 장이 선거에 의해 선출되면서 다양한 법규위반행위에 대하여 행정기관의 단속이 현저히 감소하고 있다.

행정권의 행사는 행정청의 재량에 속하는 것이라는 법원칙이 행정권의 불행사를 정당화하는 수단으로 사용되고 있다. 그러나 행정권의 자의적인 불행사는 재량의 한계를 넘는 것으로 위법하다. 그리고 국민의 권익에 중대한 위험이 초래되고 있는 경우에는 행정청의 재량이 영으로 소멸되어 행정권을 행사하여야 할 의무를 지게 된다는 것을 알아야 한다.

행정권의 불행사에서 문제가 되는 것은 행정권을 행사하지 않음으로서 쉽게 실현될 수 있다는 것과 그 입증이 어렵다는 것이다. 그렇기 때문에 행정권의 불행사는 쉽게 부정부패와 연결된다. 행정권의 불행사는 공무원의 불법 사보타지로 볼 수 있는 것으로서 가벼운 사안이 아니다. 따라서 행정권의 불행사에 대하여는 알고서도 행정권을 행사하지 않은 것인지, 행정권을 행사하기는 하였지만 형식적으로 행사한 것인지를 엄밀히 조사하여야 한다. 조사결과 알고 행정권을 불행사하면 직무유기로, 행정권을 적당히 행사한 것은 직무해태로 처벌 내지 징계하여야 한다. 부당한 행정권의 불행사에 대해 처벌이나 징계가 행해진 예도 있기는 하지만 그렇지 못한 경우가 대다수이다. 부당한 행정권의 불행사를 막기 위해서는 행정권의 행사에 관한 메뉴얼을 만들어 공무원에 시달하고, 이를 위반한 행정권의 불행사에 대해 자의적인 행정권 행사에 못지 않은 제재를 가하여야 할 것이다.

09

공무원의 몰랐다는 변명

우리나라에서는 잘못을 했어도 모르고 한 경우에는 용서해 주는 경향이 있다. 공무원도 책임추궁을 당하는 경우에는 몰랐다는 변명을 많이 한다. 우선 어떠한 사실을 알았는지 아니면 몰랐는지의 입증이 어렵기 때문에 알았으면서도 몰랐다고 잡아떼는 경우도 적지 않다.

그런데, 일반인에게 있어서도 몰랐다 하더라도 몰랐던 것에 과실(통상 요구되는 주의를 기울이지 않은 것)이 있으면 책임을 지는 것이 원칙이다. 공무원의 경우에는 국민을 위해 봉사해야 할 의무가 있고, 성실의무가 있으므로 과실이 있는지 여부를 따져서 과실이 있는 경우에는 몰랐다는 변명을 용서해서는 안 된다. 공무원이 사실을 알지 못하였다는 주장을 아무런 검증절차를 거치지 않고 그대로 수용해서는 안 될 것이다. 사실을 알지 못한 것이 사실을 조사·확인하려는 의지나 실행이 부족한 탓인 것은 아닌지 면밀한 조사를 통해 검증해 보아야 한다. 특히 민원인이 어떠한 사실을 특별히 주장하였음에도 사실조사를 하지 않거나 형식적으로 조사한 경우, 공지의 사실을 알지 못한 경우 등에는 사실을 알지 못한 것에 대하여 일정한 직무상의 책임을 물어야 할 것이다.

더욱이 공무원은 몰랐다는 것을 당당히 말해서는 안 되며 직무와 관련하여 몰랐다는 변명을 부끄럽게 생각하여야 한다. 공무원은 본인이 담당하고 있는 직무와 관련하여서는 전문성을 갖추고 있어야 하고 직무와 관련된 사실을 정확히 파악하고 있어야 한다. 몰랐다고 하는 것은 본인의 능력 부족을 시인하는 것이다. 공무원에게 능력이 없으면 그 공무원은 공직에서 물러나거나 재교육을 통하여 직무수행능력을 길러야 한다.

10

법적 근거가 없다는 변명

행정권이 행사되기 위하여는 원칙상 법적 근거가 있어야 한다. 이것을 법률유보의 원칙이라고 한다. 그런데 모든 행정권 행사에 법적 근거가 요구되는 것은 아니다. 법적 근거 없이 행사될 수 있는 행정권도 있다. 공법상 계약을 체결하는 것, 행정지도를 행하는 것 등은 법률의 근거가 없어도 가능하다. 공무원이 행정권이 개입될 필요가 있음에도 법적 근거가 없어서 어쩔 수 없었다고 하는 것은 행정법을 잘 모른다는 것을 시인하는 것이거나 본인이 성실하지 않은 공무원이고 소극적으로 행정을 행하는 공무원이라는 것을 자인하는 것이라는 것을 알아야 한다.

공무원은 행정권의 개입이 필요한 일정한 사안에 대하여 법적 근거 없이 처분·명령 등의 규제권한이나 강제권한은 행사할 수 없지만 권고 등 행정지도를 활용하거나 이해관계인들의 자율적 해결을 조장하는 역할을 적극적으로 수행해야 한다.

공무원은 법령에 명문의 규정이 없더라도 손해를 방지하고 안전을 확보하여야 할 직무상 의무가 있음을 명심하여야 한다. 이것이 대법원판례이기도 하다.

11

획일행정에서 형평행정(탄력행정)으로

우리나라의 행정은 명확하게 획일적으로 정해진 기준에 따라 정해진대로 행정결정을 내리는 방식이 주를 이루고 있다. 이러한 행정의 기준은 법률, 명령, 행정규칙 등에 의해 규정된다. 이러한 행정은 일관성 있는 행정을 도모할 수 있고, 행정공무원의 자의를 배제하고 나아가 공무원의 부정을 방지하는 기능을 할 수 있다.

그런데 행정의 기준이 예외규정도 없이 수치(數値), 금지사항 등 획일적 기준으로 규정되는 경우가 많다. 이 경우에는 구체적인 경우에 문제를 야기한다.

예를 들면 경기도 이천시에 소재하고 있는 하이닉스 이천 공장은 세계 반도체시장에서 경쟁력을 강화하기 위하여 특정수질유해물질인 구리를 배출하는 시설을 증설하는 계획(신규 8만㎡)을 정부에 제출하였다. 그런데 그 지역이 팔당상수원 수질보전을 위한 특별대책지역으로 지정되어 있었고, 환경부고시에 의하면 특별대책지역에서는 수질환경보전법 시행규칙 제4조에 따른 '특정수질유해물질'을 배출하는 폐수배출시설의 입지를 허용하지 아니하도록 규율하고 있었는데 이 '특정수질유해물질'에는 '구리 및 그 화합물'이 포함되어 있었다. 그리하여 하이닉스는 구리를 포함한 폐수를 방류하지 않는 시설을 설치하겠다고 방침을 변경하였다. 그러나 환경부 고시에 따르면 특별대책지역 내에서 구리 등 특정수질유해물질을 배출하는 시설일 경우 무방류시설이 설치되더라도 입지가 원천적으로 금지된다. 이러한 규제를 한 것은 특정수질유해물질이 하천에 방류되는 것을 막아 상수원의 수질을 보전하기 위한 것이다. 그런데, 이러한 입법취지에 전혀 반하지 않는 폐수무방류시설을 설치하는 것이 획일적 행정기준에 의해 금지되고 있는 것이다. 이 문제는 관련법령을 개정하여 폐수무방류배출시설을 설치하는 경우 특별대책지역에서도 특정수질유해물질을 배출하는 폐수배출시설을 설치하는 것이 가능하다는 예외규정이 신설됨으로써 해결되었는데, 이렇게 되기까지 1년 6개월여 간의 시간이 소요되어 투자의 시기를 맞추는데 장애요인이 되었다. 그러나, 아직 "자연보전권역 안에서 6만㎡ 이상의 공업용지조성"은 불가능하다고 규정하고 있는 수도권정비계획법령에 따라 그 이상의 증설은 이루어지고 있지 못하다.

우리나라에서는 환경영향평가의 대상을 기본적으로 수치에 의해 결정한다. 예를 들면 도로는 4Km 이상이면 환경영향평가를 받아야 하고 그 이하이면 받지 않아도 된다.

미국에서는 수치에 의해 환경영향평가의 대상을 정하지 않고, 개발사업마다 환경영향평가를 받아야 하는 대상사업인지를 개별적으로 결정하고 있다. 이를 스크리닝(Screening)제도라 한다.

획일행정은 고도성장시대에는 예측가능하고 신속한 행정이라는 장점이 있었지만, 이제 우리나라는 개발시대를 지나 고도산업사회에 진입하고 있다. 그런데 고도산업사회에서는 보다 수준 높고 구체적 타당성이 있는 행정을 하여야 하는데 획일행정은 걸림돌이 되고 있는 것이다.

12

규제형평제도를 도입하자

형평은 "일반적·추상적으로 정해진 법의 규정을 일률적으로 적용하면 구체적으로 타당하지 않은 경우가 생기기 때문에 그것을 수정하는 원리"라고 정의된다(동아세계대백과사전 30권, 1994, 241면). 형평성 보장은 정의, 법적 안정성과 함께 법의 이념의 하나로서 구체적 타당성의 보장이라고 할 수 있다. 그런데 그동안 우리나라의 경우에는 획일행정이 행정의 기본이 되었고, 행정에서의 형평성의 보장은 소홀히 다루어져 왔다고 평가할 수 있다. 그 배경에는 행정에 대한 불신이 있다. 구체적 사건에서 행정에게 형평조치를 내릴 권한을 주는 경우 형평성 보장이라는 이름하에 자의적인 특혜조치가 내려지는 것을 두려워했기 때문이다.

구체적 타당성(형평성)의 보장수단으로 행정재량이 있다. 행정재량은 행정의 다양성에 비추어 입법자가 행위요건과 효과를 기속적으로 규정하지 않고, 행정청에게 재량권을 부여하여 구체적 사정에 맞는 구체적으로 타당한, 즉 형평한 행정결정을 할 수 있도록 하는 행정수단이다. 행정청은 재량권 행사의무가 있으며 이를 이행하지 않거나 해태한 경우 재량권의 불행사 및 해태로서 위법사유가 된다. 그런데, 그동안의 행정기관에 의한 재량권 행사의 관행을 볼 때 재량기준이 기속기준화하여 재량권 행사가 획일적으로 행해지고 형평성(구체적 타당성)이 방기되고 있다. 이는 재량권 행사에서의 공평성 시비를 벗어나고, 신속한 행정을 행하기 위한 것이었다. 최근 재량권 행사 투명화사업에 따라 행정에 대한 예측가능성은 높아졌지만, 재량권 행사기준의 유형화에 따른 획일화가 강화되었다.

뿐만 아니라 규제법령 자체에서 규제기준이 규제대상의 한정적 열거, 수치 등에 의해 획일적으로 입법화되는 경향이 있다. 이러한 규제입법방식도 규제의 공평성 시비를 벗어나고, 규제의 예측가능성을 높이며 규제기준을 명확히 하여 신속한 행정을 행하기 위한 것이다.

이와 같은 획일적 규제에 따라 행정의 투명성 및 효율성은 높아졌지만, 행정규제의 형평성은 후퇴하였다. 규제의 획일성으로 인한 기본권침해, 기업활동과 일반 생활의 장애뿐만 아니라 법리적으로는 비례원칙의 위반문제까지 제기될 수 있다.

이러한 상황하에서 규제합리화의 일환으로 규제형평제도의 도입이 추진되었다. 규제형평제도라 함은 규제기준이 그 자체로서는 일반적으로 타당하지만, 특수한 개별사안에서 법령에 정해진 규제기준을 획일적으로 적용하는 경우 규제의 취지에 맞지 않고 심히 형평성에 반하는 결과를 초래하는 경우에 당해 규제기준을 적용하지 않고, 규제입법취지에 맞는 형평성 있는 행정조치(적용제외조치)를 내릴 수 있도록 하는 제도를 말한다. 달리 말하면 규제의 기준이 일반적으로는 타당하다 하더라도, 입법자가 예견하지 못했던 특수한 상황으로 인하여 그러한 일반적 기준을 요구하는 것이 규제의 본래 목적에도 부합하지 아니하고 당사자에게 심히 부당한 피해를 야기하는 경우 예외적으로 개별사안에서 일반적 규제기준의 적용 예외를 인정하여 당사자의 규제피해를 예방하거나 구제할 수 있도록 하려는 제도이다. 규제형평제도는 획일적 규제의 문제점을 해결하여 규제의 형평성을 보장하기 위한 제도이다. 규제형평제도는 헌법상의 법의 일반원칙의 하나인 비례원칙 내지 이익형량의 원칙을 제도화한 제도라고 할 수 있다.

규제형평제도에 대하여는 법치주의원칙에 위배된다고 하는 비판이 강했지만, 독일에서는 이미 수십 년 전부터 이 제도를 시행하고 있는 것이 밝혀지자 이러한 비판은 잦아 들고 있다. 그렇지만 규제형평제도가 특혜를 부여하는 근거가 될 수 있다는 우려는 여전히 존재하고 있다. 규제형평조치가 특혜의 수단이 되지 않도록 그 요건을 명확히 하고, 결정절차를 투명하게 하고 결정기관을 준사법기관화한다면 규제형평조치의 공정성을 담보할 수 있을 것이다. 구더기 무서워서 장을 담그지 않을 수는 없지 않는가.

우리나라의 경우 규제권 행사에서의 자의와 부패를 방지하고, 신속한 행정처분을 보장하기 위하여 획일적인 규제를 행하여 왔다. 그렇기 때문에 다른 어느 나라에 비하여 규제형평제도를 도입하여 형평성을 보장할 필요성이 절실하다. 규제형평제도의 남용과 그로 인한 특혜를 막기 위한 나름의 장치를 마련하면서 우리의 실정에 맞는 규제형평제도를 도입하여야 할 것이다.

규제의 탄력성과 형평성의 제고를 위하여는 그 여건의 조성이 병행되어야 한다. 특히 공무원의 전문성, 공익관 및 윤리의식, 국민의 행정에 대한 신뢰가 강화되어야 한다.

13

행정규칙에 의한 행정의 문제

훈령, 예규, 고시 등 행정규칙은 행정조직 내부에서의 사무처리기준을 정하는 것으로서 법이 아니기 때문에 법령에 비해 소홀히 다루어지고 있다. 그런데 행정의 실제에서 공무원이 가장 중시여기는 것은 법령이 아니라 행정규칙이다. 공무원은 공무원의 직무에 관하여 가장 구체적으로 규정하고 있는 행정규칙만을 보고 처분을 하는 것이 보통이다. 그래서 오늘날의 행정을 법에 의한 행정이 아니라 '행정규칙에 의한 행정'이라고 하는 것이다.

행정규칙의 문제 중 가장 중요한 것은 공개가 의무로 되어 있지 않다는 것이다. 행정절차법은 행정의 사무처리기준을 공표하도록 규정하고 있지만, 아직도 행정규칙이 공개되지 않는 경우가 적지 않다. 그리고 행정규칙을 공표하지 않아도 아무런 제재가 가해지지 않는다.

예전에는 행정규칙이 공무원의 서랍에 있는 경우가 많았고, 민원인에게 행정규칙을 알려주는 것 자체가 큰 특혜를 주는 것이 되어 부정한 거래의 대상이 되기도 하였다. 지금은 행정규칙도 인터넷에 공개되는 경우가 점차 많아지고 있지만, 아직 공개되지 않고 있는 행정규칙도 적지 않을 것이다. 행정규칙은 특별히 비밀로 하여야 할 경우를 제외하고는 모두 공개하도록 명문으로 규정하여야 할 것이다.

14

유권해석제도의 문제

권한 있는 행정기관이 공식적으로 내려 주는 법령의 해석을 유권해석이라 한다. 법령 소관부처가 일차적으로 유권해석을 내리지만, 소관부처의 법령해석에 문제가 있는 경우에는 이차적으로 법제처가 법령해석위원회의 의결을 거쳐 유권해석을 해 주고 있다. 형사법이나 민법, 상법 등은 법무부가 이차적인 법령해석기관이다.

유권해석은 기본적으로 법령 소관부처가 하는 것이 원칙이다. 그 이유는 소관부처가 행정에 관한 책임성과 전문성을 갖고 있기 때문이다. 그런데 우리나라의 경우 소관부처는 유권해석을 기피하는 경향이 있고 유권해석을 내리는 경우에도 모호한 유권해석을 하는 것이 보통이다. 그 이유는 소관부처 공무원의 법전문성의 부족과 책임회피에 있다. 유권해석은 장래의 처분에 반복적으로 적용되므로 유권해석을 잘못 내린 경우에는 책임을 추궁당하게 될 수 있다. 그런데 소관부처에는 법률전문가가 매우 부족하다. 행정고시 시험과목에 행정법 이외의 법과목이 없기 때문에 행정고시 합격생 중 법률전공자는 극히 드물다. 그리고 공무원이 된 후에도 공무원의 교육이나 승진에서 관계법령에 대한 전문성은 소홀히 취급되고 있기 때문이다. 행정은 법에 따라 행해지기 때문에 법령이 어떻게 해석되는지에 따라 행정처분의 가부와 내용이 결정되는 경우가 많다. 그만큼 유권해석은 민원인에게는 중요한 것이다. 그런데 소관부처가 내려주는 유권해석이 모호하니 민원인은 혼란에 빠지게 된다.

법제처가 소관부처의 요청에 의해 유권해석을 해주는 제도는 이전부터 있었지만 거의 활용되지 않았었다. 그러다가 법제처의 유권해석이 활성화된 것은 민원인에게 법령해석요청권을 인정한 2005년 이후이다. 법제처는 법령심사를 행하는 기관이므로 법령을 잘 알고 있고, 법률전문가도 많다. 또한 법령해석위원회에는 법학교수나 경력 있는 변호사가 참여하고 있어 법령해석에 관한 최고의 전문성을 갖고 있다고 할 수 있다. 그렇지만, 법령해석의 중요성에 비추어 볼 때 법령해석위원회의 위상을 더욱 높여야 하고, 신속한 법령해석도 좋지만, 보다 공정하고 정확하고 수준 높은 법령해석을 하는 것이 더욱 중요하다는 것을 명심하여야 한다. 더욱 중요한 것은 법령 소관부처에서 수준 높은 유권해석을 할 수 있도록 법령 소관부처의 유권해석능력을 높이는 것이다. 소관부처의 유권해석능력이 제대로 갖추어졌을 때 보다 신속한 유권해석이 가능하고. 허가 등 민원인의 민원사항이 법령상 허용 가능한지를 사전에 심사받는 '민원사무처리에 관한 법률'상의 사전심사제도[3]가 제대로 시행될 수 있기 때문이다. 그리고 유권해석에 대한 국민의 신뢰를 보호하여 특별한 사정이 없는 한 유권해석에 따른 처분을 하여야 하고, 예고 없이 유권해석을 바꾸지 않도록 하여야 한다.

3 민원사무처리에 관한 법률상의 사전심사는 민원인은 대규모의 경제적 비용이 수반되는 민원사항의 경우 행정기관의 장에게 정식으로 민원서류를 제출하기 전에 약식서류로 사전심사를 청구할 수 있도록 하고, 가능하다고 통보한 민원사항에 대하여는 민원인의 귀책사유 또는 불가항력 그 밖에 특별한 사유로 이를 이행할 수 없는 경우를 제외하고는 사전심사 결과 통보시 적시하지 아니한 다른 이유를 들어 거부하는 등의 방법으로 민원사항을 처리하지 못하도록 하는 제도이다.

15

용역업체에 의한 대집행의 폐해

대집행이란 위법한 사항을 시정하지 않는 경우에 행정기관이 공권력을 행사하여 이를 대신 시정하는 것을 말한다. 위법건축물의 철거, 개발사업을 시행하면서 행하는 수용된 건물의 철거가 대표적인 예이다.

공무원이 대집행을 할 때에는 용업업체 등 제3자의 도움을 받을 수 있도록 되어 있는데, 이 경우 공무원이 지휘감독 및 책임을 지고, 용업업체의 직원은 보조적인 역할만을 수행하여야 하는데, 용업업체가 주도하여 대집행을 행하는 경우가 적지 않은 것이 현실이다.

대집행의 경우에 저항하는 사람을 어떻게 할 것인지에 관한 법규정이 없는데, 실제에 있어서는 저항하는 것을 공무집행을 방해하는 것으로 보고 경찰이 저항하는 사람을 현행범으로 체포한 후 철거를 하거나 용역업체가 실력으로 제압을 하고 행하고 있는 실정이다. 대집행에 의한 철거가 전쟁을 방불케 하는 경우도 적지 않다. 이러한 과정에서 용산참사에서 보듯이 많은 사람이 죽거나 다치는 사태가 발생하기도 한다.

강제철거 중 사고가 발생한 경우에 철거당하지 않으려 저항한 사람과 강제로 철거하려는 공권력 중 누가 잘못인가는 판단하기 어려운 경우가 많다. 어느 한 쪽의 잘못만 있는 경우보다는 양쪽에 잘못이 있는 경우가 많다. 또한 대집행제도와 보상제도 자체에 문제도 있다.

철거당하지 않으려는 사람이 주장하는 것은 생존권이다. 또는 보상이 충분하지 않다는 주장도 한다. 국가는 인간다운 생활을 보장해줄 책임이 있으므로 철거로 주거를 상실당하는 사람에게는 주거대책과 생계대책을 보장해 주어야 하는데 현재 충분한 생존권 보장을 해 주지 못하고 있는 잘못이 있다. 철거에 저항하는 사람도 무리한 요구를 하는 경우도 있다. 특히 문제가 되고 있는 것은 권리금문제이다. 권리금은 개인간에 개인적으로 주고 받는 것이고, 객관적으로 입증하기도 어려운 것이므로 원칙상 보상의 대상으로 하지 않는 것이 타당하다. 다만 영업을 위해 투자한 내장공사비용이나 기대되는 객관적인 장래의 영업이익은 기준을 정하여 보상하는 것을 검토할 필요가 있다.

대집행시 저항하는 사람을 배제하고 대집행을 하는 것은 강한 공권력의 행사이므로 법원의 영장을 받아 행하도록 하여야 한다. 그리고 저항하는 사람을 배제하는 것은 원칙상 경찰이 법과 절차에 따라 행하도록 하여야 할 것이다. 철거로 주거를 상실하고 살 곳이 없는 사람에게는 최소한 주거와 생계대책을 마련해 준 후 철거를 하여야 한다. 최소한의 주거와 생계대책을 마련해 주고 정당한 보상을 해 주었음에도 부당한 요구를 하며 철거를 방해하는 경우에는 처벌도 고려하여야 한다. 단순한 철거에 용업업체를 동원하는 것은 가능하겠지만, 저항하는 상황하에서 용업업체를 동원하는 것은 금지하여야 할 것이다. 떼를 쓰면 들어 주는 '떼법'도 안 되지만 사적 폭력을 허용하거나 방관하는 법도 안 된다. 이러한 방향으로 「행정대집행법」을 개정할 필요가 있다. 강제철거의 기본법인 「행정대집행법」은 1954년 제정된 이래 한 번도 실질적 내용변경이 없었던 점에서 시대에 뒤진 입법이라는 것을 쉽게 알 수 있다.

16

음주단속의 실상

음주단속은 음주운전으로 인한 사고를 미연에 방지하기 위하여 행해진다. 음주단속은 통상 호흡측정의 방식으로 행해진다. 호흡측정기에 의해 음주측정을 하는 경우에는 입을 헹군 후에 하는 것이 타당하고, 음주단속을 받은 자는 2번 측정을 요구할 수 있다. 2번 측정한 경우에는 낮은 수치를 적용하는 것으로 되어 있다. 그런데, 이를 모르고 1번만 측정하는 경우도 많고 입을 헹구지 않은 채 측정하는 경우가 보통이다.

그리고, 호흡측정을 불신하여 피를 뽑아 혈액에 남아 있는 알코올을 측정하는 경우가 있다. 통상 혈액측정치가 호흡측정치보다 상당히 높게 나오는데, 그럼에도 불구하고 혈액측정을 한 경우에는 항상 혈액측정치를 적용하여 운전면허를 취소 또는 정지하도록 하고 있어 불합리한 결과가 나오고 있다.

혈액측정을 위해 혈액을 뽑는 경우에는 알코올 성분이 없는 소독약으로 소독을 하고 혈액을 뽑도록 되어 있는데, 알코올 소독을 한 후 혈액을 뽑아 혈액측정치가 높게 나오는 경우도 간혹 있다. 이 경우 혈액측정치는 효력이 없다는 것을 알아야 한다.

음주운전이 적지 않고, 음주운전으로 인한 사고시 중대한 사고가 되는 점을 고려할 때 음주단속은 필요하다. 그렇지만, 음주측정을 함에 있어서는 억울한 피해자가 없도록 하여야 한다. 일단 입을 행구고 측정하여야 하고, 요구가 없더라도 2번의 기회를 주도록 하여야 한다. 혈액측정의 경우에는 통상 혈액측정치가 높게 나온다는 사실을 알려 준 후에 그럼에도 불구하고 혈액측정을 적극 요구하는 경우에 한하여 혈액측정을 하도록 음주단속메뉴얼을 개선하여야 한다.

음주운전으로 인한 교통사고는 대형인 경우가 많다. 따라서 음주운전에 대해 엄격한 제재를 가해야 한다. 현재 혈중 알콜농도가 0.1%(소주 7잔 정도) 이상이면 운전면허를 취소하고, 0.05%(소주 2잔 정도) 이상 0.1% 미만이면 운전면허정지처분을 내린다. 운전면허에 대한 제재기준을 보다 강화하여 혈중 알콜농도가 0.08% 이상이면 운전면허를 취소하고, 0.04% 이상 0.08% 미만이면 운전면허정지처분을 내리는 것으로 할 필요가 있다.

음주운전으로 운전면허가 취소된 자는 음주운전을 하였지만 운전면허를 취소하는 것이 심히 부당한 특별한 사정이 있는 경우 행정심판이나 행정소송을 제기하면 운전면허취소처분이 운전면허정지처분으로 감경될 수 있는 길이 있다. 행정심판에서는 음주운전으로 인한 운전면허취소가 심히 부당하다고 판단되는 경우 운전면허취소처분을 운전면허정지처분으로 변경하여 주고 있다. 예를 들면 음주운전을 처음하였고, 무사고운전기간이 오래 되고, 음주운전으로 사고가 나지 않았으며 음주운전을 한 자에게 직업상 운전면허가 필요하여 운전면허가 취소되면 직장을 잃게 되고, 생계가 어렵게 되는 경우 등에 운전면허취소처분을 운전면허정지처분으로 변경하여 주고 있다. 행정소송에서는 음주운전을 막아야 한다는 공익상 필요를 고려하여 음주운전으로 인한 운전면허취소처분을 잘 취소하여 주지 않는 경향이 있다. 한 마디로 말하면 음주운전으로 인하여 운전면허취소처분을 받은 경우 일반적인 경우에는 행정심판이 행정소송보다 유리하다고 할 수 있다.

음주운전으로 인해 운전면허가 취소되거나 운전면허가 정지된 경우 생업을 이유로 불법운전을 하는 경우가 적지 않은데, 이를 막을 방도를 강구하여야 한다. 현행법상 음주운전으로 운전면허가 취소되면 1년간은 운전면허를 다시 딸 수 없는 것으로 되어 있는데, 일정시간 이상 사회봉사를 하고 일정액의 과징금을 납부하면 운전면허시험을 다시 볼 수 있도록 하는 제도를 검토해 볼 필요가 있다. 물론 상습적 음주운전자는 운전면허를 오랜 기간 박탈하여야 한다.

17

민간인사찰과 공무원사찰의 문제

개인에 관한 정보수집은 그 자체가 헌법상 기본권인 프라이버시권의 침해이므로 공익상 필요한 경우에 한하여 법률의 근거하에 행해져야 한다. 더욱이 프라이버시는 인간 존재의 가장 기본적인 요소의 하나이며 정보화사회에서 개인정보는 매우 중요한 가치를 가진다. 이러한 점에 비추어 행정조사기본법도 법률의 근거하에 행정조사를 행하도록 규정하고 있다.

민간인사찰은 독재정권의 유물이다. 독재정권하에서 독재에 항거하는 사람은 중앙정보부나 경찰의 사찰을 받았다. 민간인사찰은 정당성을 잃은 독재정권이 힘에 의해서 통치하기 위한 대표적인 수단 중 하나이다. 개인의 약점을 찾아 이를 빌미로 기강을 잡겠다는 것으로서 제일 비열한 수단의 하나이다. 누군가 나의 은밀한 사생활을 보고 있다는 것은 매우 찜찜하고, 수치스럽고, 공포스러운 것이다.

총리실 공직윤리지원관실[4]이 민간인을 사찰한 것은 민주질서를 침해하고 중요한 기본권인 프라이버시권을 침해하고 있는 점에서 헌법에 반하는 행위이다. 공직윤리지원관실이 조건 없이 공무원을 사찰하는 것도 위법한 행위로 볼 수 있다. 왜냐하면 공직자에게도 프라이버시권이 있고, 공직자의 프라이버시권도 보장하여야 하며 공무원에게 비위의 사실이 포착되어 조사를 할 필요가 있다고 하는 경우에는 법에 근거하여 법에 따른 절차에 의해 행해야 하기 때문이다.

현재 공직윤리지원관실은 공직복무관리관실로 명칭이 변경되었는데, 공직복무관리관실을 폐지하는 것을 검토하여야 한다. 공무원 부패에 대한 단속권은 부패담당기관인 국민권익위원회에 주고, 공무원의 비리는 부패공무원에 대한 조사절차와 징계처벌절차에 따라 제재를 가하면 되는 것이다. 공무원의 기강을 사찰에 의해 잡으려는 생각 자체가 잘못된 것이다.

4 공직윤리지원관실은 공직기강을 확립하기 위해 2008년 7월 21일 국무총리실에 신설된 기관이다.

18

행정조사와 행정영장

행정목적을 달성하고 행정을 적정하게 수행하기 위하여는 관련 정보를 수집하여야 한다. 이러한 활동을 행정조사라고 한다.

필요한 경우 강제로 조사하는 것이 인정되어야 하는데, 현재의 강제조사는 엄밀한 의미의 압수, 수색권을 인정하지 않고 출입 및 조사를 방해하는 것을 처벌하는 수준에 그치고 있다. 그리하여 현장에서 위법정보가 있는 장부를 조사하려고 해도 상대방이 이를 방해하면 상대방을 처벌을 할 수는 있지만 강제로 조사하는 것은 불가능하게 된다. 한 대기업에서 장부조사 중 위법사실이 드러나자 기업체의 직원이 장부를 찢어버린 일조차 있었는데 이는 압수, 수색권이 인정되지 않고 있는 법제도의 맹점을 악용한 사례이다. 또한 오늘날에는 정보가 컴퓨터에 들어 있고 암호화되어 있어서 직원이 암호를 알려 주지 않으면 정보에 접근할 수 없다.

그동안 행정권이 기업보다 우위에 있었기 때문에 기업이 행정기관의 조사를 방해한다는 것은 상상할 수 없었는데, 행정이 민주화·법치화되고, 대기업의 힘이 막강해지면서 행정조사에 따르지 않고 방해하는 사례가 점차 늘고 있다. 1998년 이후 공정거래위원회가 조사방해를 이유로 과태료를 부과한 사례가 15건이나 된다. 세무조사의 경우에는 아직 이러한 방해행위를 찾아 보기 어려운데 그 이유는 아직도 세무당국의 힘은 막강하여 세무당국의 조사에 저항하는 것은 더 불리한 결과를 가져온다는 점을 기업이 잘 알고 있기 때문이다. 이러한 상황은 행정조사를 거부할 힘이 있는 대기업과 이를 거부할 힘이 없는 중소기업간의 차별의 결과를 낳고 있다. 또한 법에 따른 조사를 요구하는 외국기업과 행정조사에 협조할 수밖에 없는 국내기업 사이에 차별적인 상황을 초래한다.

따라서, 행정목적을 위한 압수, 수색을 법원의 영장하에 인정하되 남용을 막는 장치를 마련하여야 한다. 과도한 행정조사는 축소되어야 하겠지만, 필요한 경우에는 압수수색을 할 수 있는 명실상부한 강제조사가 인정되어야 한다. 행정목적을 위한 압수, 수색을 도입하고자 하는 움직임이 있었지만, 이 과정에서 넘어야 할 산이 하나 있다. 그것은 행정목적을 위한 영장의 청구도 검사가 하여야 한다는 법무부의 입장과 그렇게 할 수 없고 관계행정기관이 법원에 영장을 청구하여야 한다는 관계기관의 입장이 대립되고 있다는 것이다. 검사는 형사사법목적의 영장을 청구하고, 순수한 행정영장은 관계행정기관의 장이 청구하도록 하는 것이 타당할 것이다.

박균성 교수는
저명한 행정법학자이며 입법학자이다. 우리나라 최고의 법학회인 한국공법학회 제29대 회장을 지냈고, 현재 입법이론실무학회 회장으로 있다.
충북 충주에서 출생하여 대전삼성초등학교를 거쳐 대전중학교를 수석으로 졸업하였고, 서울로 와 경기고등학교, 서울대학교 법과대학을 졸업하고 동 대학원을 거쳐 프랑스 Aix-Marseille Ⅲ 대학에서 법학박사학위를 받았다. 1989. 9.에서 1994. 8.까지 단국대학교 천안캠퍼스 법학대학 교수를 지냈고, 1994. 9.부터 경희대학교 법과대학 및 법학전문대학원 교수로 있다.
대학 졸업 후 학자의 길을 걸으며 꾸준히 민주국가와 정의로운 국가의 건설을 위하여 국정에 관한 연구를 하였고, 아래 경력에서 보듯이 국회, 여러 정부부처, 지방자치단체 및 공공기관에 국정자문을 활발히 해왔다.

〈주요 경력〉

국회입법지원위원, 입법이론실무학회 회장
법제처 자체평가위원회 위원장, 법제처 법령해석심의위원회 위원
한국법제연구원 자문위원, 국무총리행정심판위원회 위원
감사원 정책자문위원회 위원, 국민권익위원회 자체평가위원회 소위원장
한국공법학회 회장, 한국토지공법학회 부회장, 한국원자력법학회 부회장
환경부 법령협의회 위원, 한국환경법학회 상임이사, 마르퀴즈 후즈후 등재
한국환경정책·평가연구원 자문위원, 환경정의시민연대 정책위원
(사)코리아DMZ협의회 공동대표
(사)기업책임시민센타 자문위원
한국인터넷진흥원 자문위원, 한국정보화진흥원 이사
정보통신윤리위원회 전문위원, 한국인터넷법학회 회장
민주화운동관련자 명예회복 및 보상심의위원회 위원(대법원장 추천)
사학분쟁조정위원회 위원(대법원장 추천)
경희대학교 법학전문대학원 원장, 국제법무대학원 원장

박균성 교수의 경세치국론

2012년 8월 20일 초판인쇄
2012년 8월 25일 초판발행

저 자 박 균 성
발행인 안 종 만
발행처 (주)박영사
서울특별시 종로구 평동 13-31번지
전화 (733) 6771 FAX (736) 4818
등록 1959. 3. 11. 제300-1959-1호(倫)

저자와 협의하여 인지를 생략함

www.pybook.co.kr e-mail: pys@pybook.co.kr

정 가 13,000원 ISBN 978-89-6454-302-3